Martina Reister-Ulrichs Gunnar Garleff

Viel hat von morgen an erfahren der Mensch

Martina Reister-Ulrichs

Gunnar Garleff

Viel hat von morgen an erfahren der Mensch

Predigten aus der Friedenskirche

Bibliografische Information der Deutschen Nationalbibliothek: Die Deutsche Nationalbibliothek verzeichnet diese Publikation in der Deutschen Nationalbibliografie; detaillierte bibliografische Daten sind im Internet über dnb.dnb.de abrufbar.

© 2017 Martina Reister-Ulrichs und Gunnar Garleff

Herstellung und Verlag:

BoD – Books on Demand, Norderstedt

ISBN: 978-3-7431-7851-9

Vorwort

Auf der Stufenanlage der Handschuhsheimer Friedenskirche findet sich ein Zitat aus der Friedensfeier von Friedrich Hölderlin eingraviert: „Und nur der Liebe Gesetzt gilt von hier bis zum Himmel. Viel hat von morgen an erfahren der Mensch. Bald aber sind wir Gesang."

Einzelne Wörter sind aus dem Kirchenschiff zu erkennen, andere nur für den, der die Stufen abschreitet. Wer predigt, steht in der Regel auf dem Wort „erfahren".

Von dem, was Menschen mit dem lebendigen Gott erfahren haben, ist in unseren Predigten die Rede. Gotteswort und menschliche Worte kommen zusammen. Die Stufen bilden die Brücke zwischen Himmel und Erde.

Wir stehen gerne dort. Wir predigen gern. In dem vorliegenden Band haben wir einige unserer Predigten gesammelt und mit Bildern aus der Friedenskirche kombiniert.

Viel Freude bei der Lektüre wünschen

Pfarrer Dr. Gunnar Garleff (GG)
Pfarrerin Martina Reister-Ulrichs (MRU)

Vorwort   5

Liebe

Sphäre der Anerkennung (GG)   10
Vaterliebe (MRU)   17

Gesetz

Tut endlich was! (MRU)   26
Gottsucher (GG)   35

Himmel

Der Himmel reißt auf (GG)   44
Ein himmlischer Auftrag (MRU)   52
Güldner Himmelsregen (MRU)   62

Erfahren

Lebenserfahrungen (MRU) 76
Trost in der Krise (GG) 85

Mensch

Mensch Noah (GG) 96
Mensch Hiob (MRU) 105

Morgen

Was bleibt? (MRU) 114
Klug werden (GG) 121

Gesang

Nun ruhen alle Wälder (MRU) 132
Psalmen sind wie Kleider (GG) 146

und nur der

liebe gesetz

gilt von hier

bis zum himmel

viel hat von morgen an

erfahren der mensch

bald aber

sind wir gesang

Sphäre der Anerkennung

Und nun spricht der Herr, der dich geschaffen hat, Jakob, und dich gemacht hat, Israel: Fürchte dich nicht, denn ich habe dich erlöst; ich habe dich bei deinem Namen gerufen; du bist mein! Wenn du durch Wasser gehst, will ich bei dir sein, und wenn du durch Ströme gehst, sollen sie dich nicht ersäufen. Wenn du ins Feuer gehst, wirst du nicht brennen, und die Flamme wird dich nicht versengen. Denn ich bin der Herr, dein Gott, der Heilige Israels, dein Heiland. Ich gebe Ägypten für dich als Lösegeld, Kusch und Seba an deiner statt. Weil du teuer bist in meinen Augen und herrlich und weil ich dich lieb habe, gebe ich Menschen an deiner statt und Völker für dein Leben. So fürchte dich nun nicht, denn ich bin bei dir. Ich will vom Osten deine Kinder bringen und dich vom Westen her sammeln, ich will sagen zum Norden: Gib her!, und zum Süden: Halte nicht zurück! Bring her meine Söhne von ferne und meine Töchter vom Ende der Erde, alle, die mit meinem Namen genannt sind, die ich zu meiner Ehre geschaffen und zubereitet und gemacht haben.

(Jesaja 43,1-7)

Einmal im Jahr feiert die Friedensgemeinde einen Taufgottesdienst in der alten Klosterruine auf dem Heiligenberg. Es ist ein besonderer Ort. Die Ruine ist als Kulisse quasi der Kontrast zu unseren Sehnsüchten und Hoffnungen. Wir haben ja nicht selten die Sehnsucht nach Vollkommenheit. Alles soll perfekt sein. Am liebsten ist alles gut und sicher geplant, dann können wir uns darauf einstellen, dann haben wir eine innere Ruhe. Es gibt diesen Traum von Vollkommenheit.

Doch dann kommt es anders. Wir kennen das: Unser Leben ist eben nicht vollkommen, wir blicken immer nur auf Fragmente und Ruinen der Vergangenheit zurück. Ein paar schöne Bilder – Bilder des Anfangs – unsere Täuflinge mit ihrer rosaroten Haut, den unabgelaufenen Füßen – verheißungsvolle Kinder, in denen das Schöpfungswunder noch einmal startet.

Und doch: je länger wir zusammenleben – je länger wir in Beziehung miteinander leben, nehmen wir auch das Unvollkommene war. Das Leben ist etwas anderes als der schöne Anfang. Das Leben hat einen Hang zum Fragment, ja, unser Leben ist immer Fragment. Und doch gerade in den Fragmenten des Lebens können wir die Schönheit des Lebens erahnen, so wie wir in den Ruinen dieses Ortes eine herrliche Basilika erblicken können.

Und mitten hinein in dieses fragmentarische Leben, mitten hinein in die Sehnsucht nach Vollkommenheit, inmitten dieser Ruinen hören wir diese wunderschönen Worte aus dem *Jesajabuch:*

Fürchte dich nicht, denn ich habe dich erlöst; ich habe dich bei deinem Namen gerufen; du bist mein! Wenn du durch Wasser gehst, will ich bei dir sein, und wenn du durch Ströme gehst, sollen sie dich nicht ersäufen. Wenn du ins Feuer gehst, wirst du nicht brennen, und die Flamme wird dich nicht versengen.

Worte, die schön und lieblich klingen. Die auch irgendwie beruhigend sind. Und doch Worte aus einer Situation des Umbruchs.

Da ist das Volk Israel – zurück im Land der Verheißung, zurück im Tempel, aber der Tempel steht auf der Ruine des alten, des ersten Tempels und das Land der Verheißung trägt die Geschichte des Scheiterns und der Brüche in sich. Es ist eine Geschichte, die in der Katastrophe des Exils endet. Das Land der Verheißung gehört dem Volk Israel nicht mehr.

Die neue Freiheit des Volkes ist eine Freiheit, die hinter den Erwartungen zurückbleibt und das schmerzt.

Im Blick auf unsere kleinen Täuflinge empfinden wir vor allem Freude. Ihr Eltern freut euch an euren Kindern. Eure Freude blendet gewiss nicht das Schwere der Lebensbegleitung aus. Kinder zu erziehen, mit Kindern zu leben, ist ja nicht immer nur paradiesisch: da gibt es Auseinandersetzungen, Trotzphasen, Nächte ohne Schlaf. Da gibt es auch enttäuschte Erwartungen. Unsere Kinder sind nicht die Vollkommenen und dennoch sind sie Urgrund unbedingter Freude, denn wir sehen in unseren Kindern immer mehr als sie sind.

Ja, im Blick auf Kinder können wir vielleicht unseren eigenen Schmerz an der Unvollkommenheit ertragen lernen. Denn je älter wir werden, desto mehr nehmen wir uns als Fragment aus Vergangenheit und Zukunft wahr. „Wir sind immer [zugleich auch] gleichsam Ruinen unserer Vergangenheit, Fragmente zerbrochener Hoffnungen, verronnener Lebenswünsche, verworfener Möglichkeiten, vertaner und verspielter Chancen. Wir sind Ruinen aufgrund unseres Versagens und unserer Schuld ebenso wie aufgrund zugefügter Verletzungen und erlittener und widerfahrener Verluste und Niederlagen. Dies ist der Schmerz des Fragments."[1]

Aber wir sind auch Fragmente unserer Zukunft und Sehnsucht. Beides ist wichtig. In unseren Kindern begegnen wir beidem. Wir begegnen unseren Kindern mit unserer Lebenserfahrung, mit dem Schönen und dem Schweren. Und wir begegnen ihnen mit unseren Träumen und Hoffnungen und es ist zumeist unser Wunsch, dass unsere Hoffnung zu ihrer wird. Unsere Liebe ist wesentlich ein Blick auf die Schönheit der Kinder – nicht nur auf das,

---

[1] H. Luther, Religion und Alltag, Stuttgart 1992, S. 168.

was sie sind, sondern auf das, was wir uns für sie und mit ihnen erträumen und hoffen.

Denn – so schreibt es der Theologe Fulbert Steffensky: „Einen Menschen macht nicht nur schön, was er jetzt schon ist und kann. Seine Sehnsucht und seine Wünsche machen ihn schön. Die Freiheit der Menschen beginnt, wo sie von Freiheit träumen. Diese Träume sind die Feinde der faulen Gegenwart ... Nur da ist nichts mehr zu erwarten, wo nichts mehr erwartet wird."[2]

In den Wahrnehmungen der Ruinen der Vergangenheit und der Fragmente der Zukunft, auf dem Hintergrund der Erfahrungen und der Hoffnungen aber ist die Poesie des Gottes mehr als nur eine Beschwichtigung des Herzens.

Fürchte dich nicht, denn ich habe dich erlöst; ich habe dich bei deinem Namen gerufen; du bist mein! Wenn du durch Wasser gehst, will ich bei dir sein, und wenn du durch Ströme gehst, sollen sie dich nicht ersäufen. Wenn du ins Feuer gehst, wirst du nicht brennen, und die Flamme wird dich nicht versengen.

Diese Poesie Gottes blendet die Furcht nicht aus, auch nicht das Fragmentarische. Diese Poesie Gottes weiß auch um die Unvollkommenheit des Glaubens. Und verweist

---

[2] Fulbert Steffensky, Die 10 Gebote. Anweisungen für das Land der Freiheit, Stuttgart 2013, S. 46.

gegen den Moment – sei er schön oder sei er sorgenvoll – auf etwas sehr Grundlegendes:

Es gibt eine unbedingte Sphäre der Anerkennung jenseits der konkreten Situation. Die Liebe Gottes gilt nicht der heilen Welt, nicht nur den gelingenden Beziehungen, nicht nur den freudigen Beziehungen. Die Liebe Gottes, von der Jesaja berichtet, ist deshalb unbedingt, weil sie inmitten von Ruinen und Fragmenten sichtbar und erfahrbar wird. Sie bleibt auch, wenn wir zweifeln, wenn wir uns zeitweise von Gott entfernen, wenn wir mit ihm streiten. Es bleibt die Sphäre der Anerkennung, die den Streit trägt und erträgt und die einander weiter suchen lässt, ohne sich je ganz zu verlieren.

Ein schönes Beispiel, was das im Leben bedeuten kann, erzählt der Film „The Straight Story". Es ist die wahre Geschichte zweier Brüder, deren alter Streit erst im Angesicht des drohenden Todes des einen zur Versöhnung gelangt. Der knorrige Alvin Straight fährt auf seinem Rasenmäher zu seinem kranken Bruder über 500 Kilometer nach Wisconsin. Nach einer mehrwöchigen Reise mit Pannen und eingesprenkelten Begegnungen, bei denen er die Geheimnisse des Lebens auslotet, kommt Alvin an: Die letzten Meter geht er zu Fuß. Lyle Straight kommt aus der Tür, fordert seinen Bruder auf, sich hinzusetzen und wundert sich über das seltsame Gefährt, mit dem er gekommen ist. Alvin und Lyle sprechen miteinander nicht über ihre nun überwundene „Demarkationslinie". Begegnung, Versöhnung, vielleicht sogar Lieben kommt ohne all das aus. Was die beiden verbindet, ist die unantastbare Anerkennung für den jeweils anderen und die Freude. Damit wird jeder von ihnen die Person, die er immer war: ein Bruder des Bruders.

Fürchte dich nicht, denn ich habe dich erlöst; ich habe dich bei deinem Namen gerufen; du bist mein!

Die Poesie Gottes ist die Poesie eines bescheidenen Gottes. Sie sieht nicht auf das Trennende, sondern auf unsere grundlegende Beziehung. Und gerade darin kann sie uns zur Einladung werden und selbst von den Vollkommenheitsidealen der Liebe befreien. Ermutigen wir uns zur Unvollkommenheit in unseren Beziehungen. Und bleiben wir in der Sphäre der Anerkennung, in der Liebe mit all unseren Ruinen der Vergangenheit und Fragmenten der Hoffnungen das, was wir immer sind: Schwestern und Brüder von Brüdern und Schwester, Eltern und Kinder von Kindern und Eltern – Gotteskinder eines liebenden und doch bescheidenen Gottes, der in der Taufe unbedingt Ja zu uns gesagt hat.

Vaterliebe

Nachdem Gott vorzeiten vielfach und auf vielerlei Weise geredet hat zu den Vätern durch die Propheten, hat er zuletzt in diesen Tagen zu uns geredet durch den Sohn, den er eingesetzt hat zum Erben über alles, durch den er auch die Welten gemacht hat. Er ist der Abglanz seiner Herrlichkeit und das Ebenbild seines Wesens und trägt alle Dinge mit seinem kräftigen Wort und hat vollbracht die Reinigung von den Sünden und hat sich gesetzt zur Rechten der Majestät in der Höhe und ist so viel höher geworden als die Engel, wie der Name, den er ererbt hat, höher ist als ihr Name. Denn zu welchem Engel hat Gott jemals gesagt (Psalm 2,7): „Du bist mein Sohn, heute habe ich dich gezeugt"? Und wiederum (2. Samuel 7,14): „Ich werde sein Vater sein und er wird mein Sohn sein?" Und abermals, wenn er den Erstgeborenen einführt in die Welt, spricht er (Psalm 97,7): „Und es sollen ihn alle Engel Gottes anbeten."

(Hebräer 1,1–6)

„Das ist jetzt mein letztes Wort", sagt Gott kurz vor Weihnachten, und er meint es verdammt ernst. Da hat er sich Jahrtausende lang den Mund fusselig geredet, indem er einen Propheten nach dem andern unters Volk geschickt hat - und es waren wirklich originelle dabei.

Manche von ihnen haben ganze Bücher an klugen Worten, flammenden Reden, kernigen Sprüchen und aufrüttelnden Predigten hinterlassen. Andere haben zusätzlich zu ihrer Wortgewalt höchst einfallsreiche Zeichenhandlungen vollführt und sich dabei mehr oder weniger zu Trotteln gemacht. Genützt hat das alles nicht viel, jedenfalls nicht nachhaltig. Die Leute waren vielleicht kurz beeindruckt, haben nach ein paar Tagen aber doch wieder weiter gemacht als wäre nichts gewesen und die Welt dabei immer weiter an den Rand gebracht. Von Gott und seinem Willen, von Gott und seinen Plänen mit der Welt, von Gott und seiner großen Liebe wollten sie nichts wissen, egal, wie sehr ihnen da große und kleine Propheten in den Ohren lagen. Mose, Elia, Jeremia, Habakuk, Zephanja und wie sie alle hießen.

„Ein Ochse kennt seinen Herrn und ein Esel die Krippe seines Herrn, aber Israel kennt's nicht und mein Volk versteht's nicht", muss der Prophet Jesaja schon ganz am Anfang seines Wirkens resigniert feststellen. Alles für die Katz. Und wirklich, es ist zum Verzweifeln. Alles Reden hilft nicht. Alle Worte sind letztlich in den Wind geblasen. Kein einziges bringt die Menschen Gott näher. Und Gott nicht näher an die Menschen.

„Das ist jetzt mein letztes Wort", sagt Gott kurz vor Weihnachten und lässt seinen Worten Taten folgen. Er wird Vater. Setzt einfach ein Kind in die Welt. „Wenn die Menschen diese Sprache nicht verstehen, weiß ich mir auch keinen Rat mehr", denkt er bei sich. Kinder verändern die Welt. Das ist schon seit Urzeiten so gewesen, und warum sollte es ausgerechnet dem lieben Gott anders gehen, wenn er zum ersten Mal Vater wird?

Von prominenten Vätern war einiges zu lesen in den letzten Wochen. Einer schrieb zum Beispiel: „Deiner Mutter und mir fehlen die Worte, um zu beschreiben, wie viel Hoffnung du uns für die Zukunft machst. Dein neues Leben ist voller Versprechungen und wir hoffen, wir werden glücklich und gesund sein, um das auszukosten. Du hast uns einen Grund gegeben, über die Welt nachzudenken, in der wir leben. Wie alle Eltern möchten wir, dass du in einer besseren Welt aufwächst. Wir möchten unseren Teil dazu beitragen, dass die Welt besser wird. Nicht nur, weil wir dich lieben, sondern weil wir uns allen Kindern der nächsten Generation moralisch verpflichtet fühlen."

Dieser öffentlich gemachte Brief stammt von Marc Zuckerberg, dem Erfinder von Facebook, einem der reichsten Menschen der Welt. Die Geburt seines Kindes hat ihn derart aus dem Häuschen gebracht, dass er nun in den nächsten Jahren 99 Prozent seines privaten Vermögens spenden will, um den Vorsatz in die Tat umzusetzen, dass die Welt besser wird. 42 Milliarden Dollar. Wahrlich kein Pappenstiel. Aber man muss nicht reich sein, um diese Gefühle nachvollziehen zu können. Wer immer schon einmal ein Neugeborenes in den Armen hielt, kennt diesen überwältigenden Moment, der die Welt aus den Angeln zu heben scheint. „Deiner Mutter und mir fehlen die Worte."

„Das also ist mein letztes Wort" sagt Gott und staunt beim Anblick seines kleinen Sohnes, der in Windeln gewickelt in einer Krippe liegt. Und tatsächlich, es scheint zu funktionieren, denn schon die ersten Menschen, die das kleine Menschen- und Gotteskind sehen, spüren es auch: Jesus, du machst uns Hoffnung auf Zukunft. Dein Leben ist voller Versprechungen und du hast uns einen Grund gegeben, über die Welt nachzudenken, in der wir leben.

Christ, durch deine Geburt hat Gott seinen Teil dazu beigetragen, dass die Welt besser wird. Nur einen kleinen, aber feinen Unterschied gibt es dann doch noch zwischen Marc Zuckerberg und dem lieben Gott. Der ewig reiche Gott gibt nämlich nicht 99 Prozent seines Vermögens, sondern einfach alles. Alles, was er ist und hat, setzt er ein, wirft er in die Welt, nichts, gar nichts, hält er von sich zurück, sein Sohn ist ihm nicht zu teuer, nein, er gibt ihn für dich hin, und in ihm wohnt die ganze Fülle der Gottheit leibhaftig. Da liegt der Abglanz seiner Herrlichkeit und das Ebenbild seines Wesens und trägt alle Dinge mit seinem kräftigen Wort. Das ist ein Wort! 100 Prozent.

Ein anderer prominenter Vater, der so wie Gott schon im fortgeschrittenen Alter erste Vaterfreuden erlebt, ist der französische Schriftsteller und Lebemann Frederic Beigbeder. Von ihm war kürzlich zu lesen: „Ich bin ein Bewohner des Planeten Erde, teilnahmslos, und wollte dies auch bis zu meinem Tode bleiben. Ich bin kein Kandidat für irgendeine Fatwa. Ich bin ein pazifistischer und humanistischer Erdling auf einem verschmutzten Planeten, der immer feindseliger und unmenschlicher wird. Ich bin ein teilnahmsloser Versager. Aber dieser Zynismus ist mit der Geburt meines Kindes ein bisschen verdampft. Die Ankunft eines neuen Lebens, dieses Stück frisches, rosa Fleisch, dieses unschuldige und lärmende Kind hat mich beinahe vollkommen zum Trottel gemacht. Für einen Moment habe ich geglaubt, dass das Leben einen Sinn hat, dass die Welt wunderbar, dass das Glück doch so einfach sei."

Das Wort ward Fleisch. Frisches rosa Fleisch, ein unschuldiges Kind. Und plötzlich hat das Leben einen Sinn, ist die Welt wunderbar und das Glück ganz einfach. Mit der Geburt seines Kindes verdampft bei dem einen der väterliche Zynismus und bei dem andern der väterliche Zorn; ja, die Geburt seines Sohnes verändert nicht nur die Welt, sie verändert Gott selbst. Er war der Schöpfer des Planeten Erde, und wollte dies auch in Ewigkeit bleiben. Teilnahmslos war er freilich nie. Er hatte seine Propheten; er hatte seinen himmlischen Hofstaat, und mit Menschen- und mit Engelszungen hat er geredet und versucht, Einfluss zu nehmen auf die Welt, die er geschaffen hat. Aber zu welchem von den Engeln hätte er jemals gesagt: „Du bist mein Sohn, heute habe ich dich gezeugt?" Immer blieb da ein Abstand, immer blieb er der Höchste, immer kam sein Wort von oben herab, von außen, immer blieb da dieses Gefälle. Erst mit der Geburt seines Sohnes schafft er eine menschliche Nähe, die Ihresgleichen sucht. Erst in Jesus Christus wird er Teil dieser Welt und kann seinen geliebten Geschöpfen auf Augenhöhe begegnen.

Da liegt es, das Kindlein, auf Heu und auf Streu, und nicht nur die Hirten staunen und die Weisen, auch Gott selbst verschlägt es bei seinem Anblick die Sprache. „Ganz der Vater", muss er bei sich denken, „der Abglanz meiner Herrlichkeit und das Ebenbild meines Wesens." Und als im Hintergrund Ochs und Esel leise schnauben angesichts dieses Übermaßes an väterlich-göttlicher Liebe, da fallen dem lieben Gott die Worte seines alten Propheten Jesaja wieder ein: „Ein Ochse kennt seinen Herrn und ein Esel die Krippe seines Herrn." Da sind sie zur Stelle, sie kennen ihren Herrn, und wenn Ochs und Esel es kapiert haben, dann werden es endlich auch die Menschen begreifen; da braucht es endlich keine Worte mehr, denn dieses Kind sagt mehr als alle Worte.

„Das ist mein letztes Wort", sagt Gott und lächelt selig, als wäre es ihm von Anfang an klar gewesen. „Im Anfang war das Wort und das Wort war bei Gott und Gott war das Wort. Das war im Anfang bei Gott. Alle Dinge sind durch dasselbe gemacht, und ohne dasselbe ist nichts gemacht, was gemacht ist. In ihm war das Leben und das Leben war das Licht der Menschen. Und das Licht scheint in der Finsternis, und die Finsternis hat's nicht ergriffen. Und das Wort ward Fleisch und wohnte unter uns und wir sahen seine Herrlichkeit, eine Herrlichkeit als des eingeborenen Sohnes vom Vater, voller Gnade und Wahrheit."

und nur

der liebe **gesetz**

gilt von hier

bis zum himmel

viel hat von morgen an

erfahren der mensch

bald aber

sind wir gesang

Tut endlich was!

Höret des Herrn Wort, ihr Herren von Sodom! Nimm zu Ohren die Weisung unsres Gottes, du Volk von Gomorra! Was soll mir die Menge eurer Opfer?, spricht der Herr. Ich bin satt der Brandopfer von Widdern und des Fettes von Mastkälbern und habe kein Gefallen am Blut der Stiere, der Lämmer und Böcke. Wenn ihr kommt, zu erscheinen vor meinem Angesicht – wer fordert denn von euch, dass ihr meine Vorhöfe zertretet? Bringt nicht mehr dar so vergebliche Speisopfer! Das Räucherwerk ist mir ein Gräuel! Neumond und Sabbat, den Ruf zur Versammlung – Frevel und Festversammlung – ich mag es nicht! Meine Seele ist feind euren Neumonden und Jahresfesten; sie sind mir eine Last, ich bin's müde, sie zu tragen. Und wenn ihr auch eure Hände ausbreitet, verberge ich doch meine Augen vor euch; und wenn ihr auch viel betet, höre ich euch doch nicht; denn eure Hände sind voll Blut. Wascht euch, reinigt euch, tut eure bösen Taten aus meinen Augen. Lasst ab vom Bösen, lernt Gutes tun! Trachtet nach Recht, helft den Unterdrückten, schafft den Waisen Recht, führt der Witwen Sache!

(Jesaja 1,10–17)

„Heute findet hier kein Gottesdienst statt, liebe Gemeinde. Ich muss Sie daher bitten, die Kirche umgehend wieder zu verlassen. Sind Sie gekommen, um Worten wie Orgeltönen zu lauschen? Suchen Sie Trost? Gemeinschaft der Heiligen? Vergebung der Sünden? Ich muss Sie enttäuschen. Gehen Sie jetzt bitte. Aber nehmen Sie Folgendes mit auf den Weg: Begehen Sie eine gute Tat. Jetzt gleich, auf der Stelle. Sie haben eine knappe Stunde Zeit, so lange wie dieser Gottesdienst gedauert hätte, für den Sie sich die Zeit ja auch genommen haben. Sie denken, ich sei übergeschnappt? Ich hätte mich nicht vorbereitet? Ich drückte mich vor dem Predigen? Mitnichten, meine Damen und Herren, Gott selbst hat das durch den Propheten Jesaja so angeordnet. Er will heute keinen Gottesdienst. Es ist ihm leid. Hier ist sein Auftrag, hört nur genau hin: „Wascht euch, reinigt euch, tut eure bösen Taten aus meinen Augen, lasst ab vom Bösen! Lernet Gutes tun, trachtet nach Recht, helft den Unterdrückten, schafft den Waisen Recht, führet der Witwen Sache." Und nun ein bisschen plötzlich, wenn ich bitten darf, die Zeit läuft. Ach ja, noch eins, bevor ich's vergesse: Euer Opfergeld, das könnt Ihr heute auch behalten. Überlegt Euch selber, was Ihr damit Gutes tun könnt. Und seid nicht knauserig. Lasst es Euch ruhig was kosten. Ich werde hier warten. Vielleicht kommt ja der eine oder die andere zurück. Und jetzt beeilt Euch!"

Die verdutzte Gemeinde wartet einen Augenblick, dass dieser Predigteinstieg sich auflöst. Gleich werden sie aufatmen können. Sie kennen das schon: Erst werden Zweifel geschürt, dann lindernde Gewissheit ausgegossen, eine Kurve von Dur zu Moll und wieder zurück zum strahlenden Dur und dann der Segen und raus zur Tür, zum Sonntagsbraten. Aber der Segen bleibt aus. Und alles andere auch. Stattdessen setzt die Orgel ein, laut und lärmend, und der Pfarrer schreitet unmissverständlich zur Kirchentür und sperrt sie auf. Heraus spaziert! Das ist wohl ernst gemeint.

Die meisten gehen einfach nach Hause und zu ihren Tages- und Nachtgeschäften über. Dann halt nicht. War sicher das letzte Mal, dass man am Buß- und Bettag nach einem langen Arbeitstag oder aus alter Verbundenheit in die Kirche gegangen ist. Die Welt verbessern? Das wird ohne sie stattfinden müssen. Andere schütteln wenigstens den Kopf und legen die Stirn in Falten. Immer diese neuen Ideen. Warum nicht einfach in Ruhe Gottesdienst feiern so wie all die Jahre? Richtig empört sind nur wenige, eigentlich nur einer. Er wird gleich einen geharnischten Brief aufsetzen. Schon sprudeln in seinem Kopf die Formulierungen und tummeln sich die Ausrufezeichen. Die Kirche der Reformation verkauft ihre Botschaft für Pfadfinderweisheiten! Das allein selig machende Hören auf Gottes Wort wird durch schnöde Appelle zum Handeln ersetzt! Die Rechtfertigungslehre außer Kraft gesetzt! Gesetz für Evangelium! Ethik statt Spiritualität! Was dieser Pfarrer sich einbildet!

Sie war die letzte, die die Kirche verließ. Automatisch schlug sie den Weg nach Hause ein. Sie ging langsam, aber zielstrebig. „Führt der Witwen Sache!" hämmerte ihr der letzte Satz aus dem Predigttext im Kopf herum. Zuhause wartete ihre Mutter wie jeden Abend, dass sie von der Arbeit zurück kam und mit ihr zu Abend aß. Nach dem Tod ihres Vaters war es für sie selbstverständlich gewesen, die Mutter bei sich aufzunehmen. Es war eine gute Entscheidung gewesen, und nachdem das erste Trauerjahr vorbei war, hatten sie sich ganz gut arrangiert. Erst in letzter Zeit war das Zusammenleben schwieriger geworden. Eigentlich war sie heute nur zum Gottesdienst gegangen, um die Begegnung mit der Mutter noch ein wenig hinauszuzögern. Jetzt, wo der Pfarrer den Gottesdienst vorschnell beendet hatte, würde sie mit ihr reden. Die Stunde war gekommen. Sie legte sich Sätze im Kopf zurecht und verwarf sie wieder. So konnte es nicht weiter gehen. Die Mutter musste in ein Pflegeheim umziehen. Sie konnte die Verantwortung nicht länger übernehmen. In den letzten Wochen hatten sich die Anzeichen vermehrt. Am Anfang hatte sie es übersehen, einfach nicht wahrhaben wollen: Die Schuhe im Vorratsschrank neben dem Brotkorb, die verschwundene Perlenkette, das ständige Beharren, bestohlen worden zu sein, die Wäschestücke, die sie in einem großen Topf auf dem Herd vorgefunden hatte. Früher hätten sie die Wäsche doch auch gekocht, hatte die Mutter nach einer Weile mit verzweifelter Stimme gesagt. Sie hatte genickt und ihr wortlos die Hand auf den Unterarm gelegt. Jetzt steckte sie entschlossen den Schlüssel ins Schloss und öffnete die Haustür. Aus dem Wohnzimmer hörte sie den Fernseher fröhlich lärmen. „Guten Abend, Mama!", rief sie in den dunklen Flur.

Derweil standen drei Frauen noch immer unschlüssig vor der Kirche. Sie kannten sich flüchtig, in erster Linie von Gottesdienstbesuchen. Über ein freundliches Nicken beim Kommen und Gehen war ihre Kommunikation bisher nicht hinaus gekommen. Eine fasste sich schließlich ein Herz und sagte lachend: „Wollen wir zusammen eine gute Tat vollbringen?" Die anderen willigten sofort ein. Sie hätten ohnehin nicht gewusst, was sie mit dem angebrochenen Abend sonst hätten anfangen sollen. Hilfesuchend blickten sie sich um. „Gar nicht so einfach", meinte die dritte im Bunde und zog den Mantel enger um sich. Es war nicht mehr viel los auf der Straße um diese Zeit. Die zweite drehte ein Zweieurostück zwischen den Fingern. „Vorhin stand dort noch der Mann, der die Obdachlosenzeitung verkauft. Man hätte ihm für das Opfergeld eine abkaufen können." Wo er jetzt war? Wo übernachtete ein

Obdachloser im November? Darüber hatten sie sich noch nie Gedanken gemacht. Gab es in der Stadt irgendwelche Unterkünfte? Bestimmt, aber keine der drei hätte sagen können, wo. Schließlich einigten sie sich darauf, in das kleine Bistro gegenüber zu gehen. Dort bestellten sie sich einen Tee und nahmen das Thema wieder auf. „Ich will mich ja nicht drücken", sagte die erste, „aber der Sozialstaat macht es dem einzelnen Menschen doch eher schwer, anderen zu helfen. Wir haben unsere Verantwortung an Institutionen abgegeben. Und nun ist da kein Platz mehr für Barmherzigkeit. Fällt Ihnen spontan jemand ein, dem Sie helfen könnten? Mit Geld, mit Zeit, mit guten Worten?" „Und wie kann ich helfen, ohne die Menschen zu beschämen?" stimmte die andere ein. Die dritte summte vor sich hin: „Brich mit dem Hungrigen dein Brot…". Dieses Lied mit seinen endlosen Aufforderungen, die sich immer im Kreis drehen. Aber wo ist ein Anfang? Wo könnten wir heute Abend anfangen? Sie diskutierten angeregt weiter.

Auf dem Parkplatz vor dem Bistro stieg derweil ein gut gekleideter Mann in seinen nagelneuen Alfa Romeo und manövrierte ihn vorsichtig aus der engen Parklücke. Er hatte den Wagen erst seit ein paar Tagen. Rund um die Kirche waren die Parkplätze knapp. Er war spät dran gewesen. Beim Aussteigen hatte er noch gedacht: Hoffentlich sieht mich keiner! Er wollte nicht angesprochen werden, denn er schämte sich ein wenig seines offen zur Schau gestellten Reichtums. Bei den Kirchenwahlen im vergangenen Herbst hatten sie ihn gefragt, ob er nicht kandidieren wolle. Aber er hatte abgelehnt. Er war Anwalt und ein viel beschäftigter Mann. Die Organisation von Gemeindefesten war seine Sache nicht. So jedenfalls hatte er sich das Engagement vorgestellt, dass hier von ihm erwartet wurde. Gelegentlich ging er gerne zum Gottesdienst. Ein wenig aus Liebe zu seiner früh verstorbenen Mutter, die eine fleißige Kirchgängerin gewesen war. In ihrer Kirchenbank fühlte er sich ihr näher, als wenn er das Grab auf dem Friedhof besuchte. Manchmal kam er aber auch, weil im Gottesdienst keiner etwas von ihm wollte und ihn trotzdem eine angenehme und zuweilen anregende Atmosphäre umgab. So hätte er es vielleicht beschrieben, wenn man ihn gefragt hätte. Heute Abend beim Ausparken wusste er plötzlich genau, was er tun würde. Nicht weil der Pfarrer ihm gesagt hatte, dass er etwas tun sollte. Sondern weil er mit einem Mal begriffen hatte, wie es gehen könnte. Er hatte die Idee, der örtlichen Tafel einen Lieferwagen zu sponsern. Vom Aufbau dieser Arbeit hatte er vor ein paar Wochen in der Zeitung gelesen. Auch aus seiner Gemeinde machten viele Ehrenamtliche mit. Sie klapperten Supermärkte und Bäckereien ab und sammelten dort abgelaufene, aber noch verwertbare Lebensmittel ein. Diese wurden dann einmal in der Woche an Bedürftige ausgegeben. Die Idee hatte ihm gleich gefallen. Was der Überflussgesellschaft nicht wehtat, kam vielen zugute. Und mit einem Lieferwagen ließe sich das Abholen der Waren sicher noch besser organisieren. In anderen Städten funktionierte das bereits hervorragend. Einen Augenblick lang überlegte er, ob er noch einmal anhalten, zurück zur Kirche gehen und dem Pfarrer von seiner Idee erzählen sollte. Hatte der nicht gesagt, dass er warten würde, ob noch jemand zurück kam? Aber inzwischen hatte sich ein anderes Auto in die frei gewordene Parklücke gezwängt. Also ließ er von dem Gedanken ab, bog bester Dinge auf den Altstadtring und fuhr davon.

Der Pfarrer wartete an jenem Abend vergeblich auf die Rückkehr eines seiner Schäfchen. Die meisten Gottesdienstbesucher hatten den Vorfall bereits wieder vergessen. Einer hatte tatsächlich einen langen Brief geschrieben und machte sich gerade noch einmal auf den Weg zum nächsten Postkasten. Dabei vermied er es sorgfältig, in die Nähe der Kirche zu kommen und eventuell gesehen zu werden.

Drei Frauen saßen auf der gegenüber liegenden Straßenseite in einem Bistro und schlossen gerade so etwas wie

Freundschaft. Von gesellschaftlich brisanten waren sie mittlerweile zu Modethemen übergegangen und bestellten sich, nachdem ihnen von der Diskussion warm geworden war, noch ein Glas Wein.

In ihrer Wohnung räumte eine Frau das Geschirr vom Abendessen weg und wischte den Küchentisch ab. Sie war erschöpft, aber zufrieden. Ihre Mutter war schlafen gegangen. Sie hatte geweint. Es würde noch viele Gespräche geben müssen, aber heute Abend war ein Anfang gewesen. Der Weg war beschritten.

In einer Tiefgarage im Stadtinnern bewunderte ein junges Liebespaar auf dem Heimweg vom Kino den glänzenden Alfa Romeo, der inzwischen neben ihrem alten Golf parkte. Beim Einsteigen überlegten sie laut, was das wohl für Leute waren, die sich so ein Gefährt leisten konnten und ob sie auch je dazu gehören würden. Dann vergaßen sie das Auto wieder und widmeten sich ihrem Glück.

Nach einem letzten Blick auf die Uhr schloss der Pfarrer die Kirchentür ab und fühlte sich dabei seinem alttestamentlichen Prophetenkollegen Jesaja so nahe wie nie. Auf den hat auch nie einer gehört, dachte er vor sich hin. Und am Sonntag, nahm er sich vor, würde er wieder eine richtige Predigt halten.

Gottsucher

Zu Beginn die aktuelle „Religiöse Nachricht":

„Als die Nachricht um die Erde lief,
Gott sei aus der Kirche ausgetreten,
wollten viele das nicht glauben.
‚Lüge, Propaganda und Legende', sagten sie,
bis die Oberen und Mächtigen der Kirche
sich erklärten und in einem so genannten Hirtenbrief
Folgendes erklärten:

‚Wir, die Kirche, haben Gott, dem Herrn,
in aller Freundschaft nahe gelegt,
doch das Weite aufzusuchen,
aus der Kirche auszutreten und gleich alles
mitzunehmen, was die Kirche immer schon gestört hat.
Nämlich seine wolkenlose Musikalität,
seine Leichtigkeit und vor allem
Liebe, Hoffnung und Geduld.
Seine alte Krankheit, alle Menschen gleich zu lieben,
seine Nachsicht, seine fassungslose Milde,
seine gottverdammte Art und Weise,
alles zu verzeihen und zu helfen –
sogar denen, die ihn stets verspottet;
seine Heiterkeit, sein utopisches Gehabe,

seine Vorliebe für die, die gar nicht an ihn glauben,
seine Virtuosität des Geistes überall und allenthalben,
auch sein Harmoniekonzept bis zur Meinungslosigkeit,
seine unberechenbare Größe und vor allem,
seine Anarchie des Herzens – usw. ...
Darum haben wir, die Kirche, ihn und seine große Güte
unter Hausarrest gestellt,
äußerst weit entlegen, dass er keinen Unsinn macht,
und fast kaum zu finden ist.'

Viele Menschen, als sie davon hörten,
sagten: ‚Ist doch gar nicht möglich!
Kirche ohne Gott?
Gott ist doch die Kirche!
Ist doch eigentlich gar nicht möglich!

Gott ist doch die Liebe,
und die Kirche ist die Macht,
und es heißt: Die Macht der Liebe!
Oder geht es doch nur noch um die Macht?!'
Andere sprachen: ‚Auch nicht schlecht,
nicht schlecht: Kirche ohne Gott!
Warum nicht Kirche ohne Gott!?
Ist doch gar nichts Neues,

gar nichts Neues!
Gott kann sowieso nichts machen.
Heute läuft doch alles anders.
Gott ist out, Gott ist out!
War als Werbeträger nicht mehr zu gebrauchen.'

Und:
‚Die Kirche hat zur rechten Zeit das Steuer rumgeworfen.'
Doch den größten Teil der Menschen
sah man hin und her durch alle Kontinente ziehn,
und die Menschen sagten:
‚Gott sei Dank!
Endlich ist er frei.
Kommt, wir suchen ihn!'"[3]

Und Gott sprach: „*Suchet mich, so werdet ihr leben*" (Amos 5,4). Und so suchen die Menschen Gott. Doch wo ist Gott? Gott ist allgegenwärtig! Immer und überall! Wo ist Gott?

Ist Gott nur eine Imagination – ein Konstrukt unseres Gehirns – so wie ja auch unser Ich lediglich eine konstruktive Leistung unseres Denkens ist. – Jedenfalls, wenn

---

[3] Hanns Dieter Hüsch, Das kleine Buch zwischen Himmel und Erde, Düsseldorf ³2003, S. 16f.

man so manchen Hirnforschern unserer Tage glaubt! Wo ist Gott? Ist Gott überhaupt?

Was müssen wir tun um Gott zu finden? Müssen wir besonders gut sein – ethisch makellos? Müssen wir stetig im Buch der Bücher lesen? Die Psalmen wälzen? Begegnen wir Gott in Buchstaben? Der Buchstabe tötet, der Geist aber macht lebendig, heißt es bei Paulus.

Wo ist Gott? – Wohnt Gott in der Kirche, wie Kinder es bei Expeditionen in unsere Friedenskirche immer wieder vermuten? Aber Gott lässt sich doch nicht hinter Mauern sperren. Oder wie kommt Gott heraus, wenn wir die Türen nach dem Gottesdienst wieder abschließen? Vielleicht aber wohnt Gott doch in der Kirche – dann ist die Kirche die Hüterin Gottes, verwahrt Gott quasi. Doch was machen die Neuenheimer und die Dossenheimer – haben die eine Kopie Gottes? Wo finde ich Gott – oder fragen wir lieber, wie finde ich Gott?

„Das ‚woran du dein Herz hängst, das ist dein Gott!", schreibt Luther im Großen Katechismus. Wenn das so ist, dann gibt es ja viele Götter: das Geld, das Auto, mein Fahrrad, meine Kinder, meine Frau – da hängt mein Herz dran. Meine Frau – mein Gott? Mein Gott, nein, wäre ja schrecklich, denn Gott ist allwissend: Gott ist watching

you – welche langweilige Ehe drohte, wenn meine Frau schon nach 10 Jahren alle meine Geheimnisse wüsste.

Die Suche nach Gott scheint aussichtslos – Gott lässt sich einfach nicht finden wie ein Osterei. Gott ist geheimnisvoll. *„Du brauchst ihn weder hier noch dort zu suchen, er ist nicht weiter als vor der Tür des Herzens; dort steht er und harrt und wartet, wen er bereit finde, dass er ihm auftue und ihn einlasse. Du brauchst ihn nicht von weither zu rufen; er kann es kaum erwarten, dass du ihm auftust. Ihn drängt es tausend Mal heftiger nach dir als dich nach ihm: Das Auftun und das Eingehen ist nichts als ein Zeitpunkt.*

Nun magst du fragen: „Wie kann das sein? Ich verspüre doch nichts von ihm." Wisse: Das Verspüren liegt nicht in <u>deiner</u> Macht, sondern in <u>seiner</u>. Wenn es ihm passt, so zeigt er sich, aber er kann sich auch verbergen, wenn er will." Das schreibt der große Mystiker des Mittelalters Meister Eckart.

Das ist das Ende aller Suche – es geht nicht um das Suchen, es geht um das sich Öffnen. Ich muss mich öffnen für etwas, was in mir ist, das ich aber gar nicht in mich hineinlasse – solche Gedanken kann nur ein Mystiker haben. Geht das nicht auch einfacher?

Ich weiß es nicht – ich merke nur: Es kommt nicht auf das Suchen Gottes an, der versteckt sich ja nicht, sondern es kommt darauf an, dass ich mich frei mache von all dem, was mich daran hindert, Gott um mich und in mir wahrzunehmen. Da gibt es vieles: Da gibt es den Wahn, dass man nur dann ist, wenn man möglichst viel tut – wenn man Scheine macht und Referenzen sammelt.

Wir Deutschen sind ja Weltmeister im Scheine machen: Geburtsurkunden, Sterbeurkunden, Abstammungsurkunden, Abitur, Gesellenschein, Meisterurkunde, Diplom- und Doktorurkunden, Führerscheine, Angelscheine, Jagdscheine, Segelscheine, Flugscheine, Reiternadeln, Gruppenleiterscheine, Trainerscheine, Rentenbescheinigungen, Steuerbescheide und in der Kirche: Taufschein, Konfirmationsschein, Trauschein, Ordinationsurkunde, Patenschein, Jugendgruppenleiterschein und die Teamercard. Diese Scheinmanie nimmt uns gefangen ebenso wie die ständige Sucht, noch mehr zu machen. Und dann sind da die vielen Sorgen und Nöte, die vielen Verkrampfungen und Verpflichtungen, denen wir nachjagen. Das alles nimmt uns gefangen, verstellt uns den Blick auf den, der da vor der Tür unseres Herzens steht und wartet, dass wir ihn endlich hineinlassen.

Spiritualität – die Offenheit für Gott hat nicht viel mit frommer Werkelei zu tun, sie ist nicht die Handlungsanweisung für ein frommes Leben – sondern: Spirituelle

Handlungen sind Handlungen, die um ihrer selbst willen stattfinden, die mich frei machen vom Referenzdruck und von den Sorgen. Deshalb bete ich, deshalb fahre ich Fahrrad, deshalb joggen andere oder gehen spazieren, und manche lesen auch einfach die Losungen des Tages. Es sind Handlungen die uns befreien, die uns frei machen, die Tür unseres Herzens zu öffnen. Es sind Handlungen, die uns frei machen, damit wir den wahrnehmen, der vor uns steht, ganz ohne Referenzen – Gott spricht einfach: ICH bin, der ICH bin, das Licht des Lebens! ICH, Gott, spreche dich, Mensch an, denn DU bist DU und ich lasse mein Angesicht leuchten über dir. Ich gebe dir den Frieden, der höher ist als alle Vernunft und bewahre dich von nun bis in Ewigkeit.

Gott sucht uns auf – er begegnet uns in der Natur, im Gegenüber – er begegnet uns in der großen Erzählung von Christus, von seiner Geschichte von seinen Wundern und Worten – von seiner Bewegung auf uns zu. Gottsucher – das ist Gott selbst, der uns finden und aufsuchen will, der bereit ist zu kommen und einzukehren.

und nur

der liebe gesetz

gilt von hier

bis zum **himmel**

viel hat von morgen an

erfahren der mensch

bald aber

sind wir gesang

Der Himmel reißt auf

Dies ist der Anfang des Evangeliums von Jesus Christus, dem Sohn Gottes. Wie geschrieben steht im Propheten Jesaja: "Siehe, ich sende meinen Boten vor dir her, der deinen Weg bereiten soll.",,Es ist eine Stimme eines Predigers in der Wüste: Bereitet den Weg des Herrn, macht seine Steige eben!", so war Johannes in der Wüste, taufte und predigte die Taufe der Buße zur Vergebung der Sünden. Und es ging zu ihm hinaus das ganze judäische Land und alle Leute von Jerusalem und ließen sich von ihm taufen im Jordan und bekannten ihre Sünden. Und Johannes trug ein Gewand aus Kamelhaaren und einen ledernen Gürtel um seine Lenden und aß Heuschrecken und wilden Honig. Und er predigte und sprach: Nach mir kommt der, der stärker ist als ich; ich bin nicht wert, dass ich mich vor ihm bücke und die Riemen seiner Schuhe löse. Ich habe euch mit Wasser getauft; aber er wird euch mit dem Heiligen Geist taufen. Und es begab sich zu der Zeit, dass Jesus aus Nazareth in Galiläa kam und ließ sich taufen von Johannes im Jordan. Und alsbald, als er aus dem Wasser stieg, sah er, dass sich der Himmel auftat und der Geist wie eine Taube herabkam auf ihn. Und da geschah eine Stimme vom Himmel: Du bist mein lieber Sohn, an dir habe ich Wohlgefallen. Und alsbald trieb ihn der Geist in die Wüste; und er war in der Wüste vierzig Tage und wurde versucht von dem Satan und war bei den Tieren, und die Engel dienten ihm. Nachdem aber Johannes überantwortet wurde, kam Jesus nach Galiläa und predigte das Evangelium Gottes und sprach: Die Zeit ist erfüllt, und das Reich Gottes ist nahe herbeigekommen. Tut Buße und glaubt an das Evangelium!   *(Markus 1,1-5)*

Einen Anfangstext will ich bedenken. Der Anfang des Evangeliums von Jesus Christus. Der Anfang einer Frohbotschaft. Der Anfang einer Geschichte. Der Anfang mitten in der Zeit. Der Anfang ein Prolog. Du kennst noch nicht das Ende, aber du hörst von Vorboten. Der Prolog markiert eine Zeitenwende. Warum aber überhaupt ein Anfang?

Der Grund des Anfangs ist das Ende und die Erfahrung des Endes. Alles ist auf den Kopf gestellt. Eine bedrückende Situation für ein ganzes Volk. Krise – politisch und religiös. Eine Zeit des Umbruchs. Damals als der Anfang des Evangeliums geschrieben wurde, da war der Tempel gerade zerstört, da musste sich das Judentum neu ordnen, da musste sich auch die junge Kirche neu ordnen.

Schwierige Zeiten damals. Eine Zeit der Spaltung. Beziehungen zerbrachen, Kinder gingen aus dem Haus, mehr gedrängt vielleicht denn freiwillig. Die Christen verlassen das Judentum, verlassen Synagoge und Tempel. Ein Anfang muss gesetzt werden, sonst gibt es keinen Segen, sonst findet die Kirche kein Glück und nicht den Himmel.

Über einen Anfang heute nachdenken ist vielleicht mehr ein Aufräumen. Wir leben nicht in einer akuten Krise, keine zerstörten Hoffnungen, keine Vertreibungen mehr. Und dennoch suchen viele Menschen das Glück. Glücksbücher überströmen den Markt. Kabarettisten, Esoteriker, Mönche, Philosophen schreiben Bücher über das Glück. Glück ist in unserer Wohlstandswelt das Thema schlechthin. Die Suche nach Glück trottet durch unseren Alltag des immer Gleichen.

„Tausende Kreuze trägt er über den Tag
365 Tage im Jahr
12 Stunden zeichnen sein Gesicht
Es ist OK, aber schön ist es nicht
Jeden Morgen geht er durch diese Tür
Jeden Morgen bleibt die Frage Wofür?
Und jeder Tag gleitet ihm aus der Hand
Ungebremst, gegen die Wand
Ist nicht irgendwo da draußen ein bisschen Glück für mich?
Irgendwo ein Tunnelende das Licht verspricht
Er will so viel,
Doch eigentlich nicht
Nur ein kleines bisschen Glück!!

Wann reißt der Himmel auf?
Auch für mich? Auch für mich?"[4]

Doch, was ist Glück? Und wie finde ich es?

---

[4] „Himmel auf!" (2012) von der Band Silbermond.

Manche denken an Menschen. Menschen machen manchmal glücklich. Gurus, Stars – manche nehmen viel auf sich, um ihnen nahe zu sein. In der Wüste damals als der Anfang des Evangeliums Jesu Christi erzählt wurde, da war auch so ein Guru. Johannes hieß er, war merkwürdig gekleidet und taufte die Menschen im Jordan. Ein seltsam-faszinierender Zeitgenosse. Ein Prophet. Einer von den Alten, einer wie Elia. Die Menschen wanderten Tage lang, um ihm nahe zu sein. Wanderten in die Wüste, in diesen lebensfeindlichen Lebensfundort.

Und der Prophet predigte die Taufe der Umkehr zur Vergebung der Sünden. Und mehr noch: Er kündigt einen größeren als sich an. Er ist nur der Bote. Der, der kommt, der wird nicht mit Wasser taufen, sondern mit dem Geist.

Der Anfang kommt langsam. Es ist ein langer Weg. Ein Weg der Klärung. Ein Weg der Hoffnung. Ein Weg der Selbstbetrachtung und Umkehr. In der Wüste setzt du dich mit dir selbst auseinander. In der Wüste trottest du nicht stur nach Vorschrift. In der Wüste musst du überleben – suchst Wasser. In der Wüste suchst du das Leben. Wie finde ich Glück? Finde ich es vielleicht nur in der Auseinandersetzung mit dem Leben, mit Einkehrzeiten und in Wüstenzeiten?

Der Alltag ist auch für manche eine Wüste. Wenn vieles durcheinander gerät, wenn sie das Leben neu ordnet, wenn es durch Krankheit, Beziehungsstress einen neuen Anfang sucht. Manchmal ist es gut, wenn wir dann einem Boten begegnen, der uns den Weg weist, der uns zum Wasser führt, damit wir das Leben wieder finden. Der Bote erzählt von einer Wende, vom Kommenden, von der Hoffnung auf Glück. Bei Johannes dem Boten gehen die Menschen *zum* Jordan, aber nicht *über* den Jordan. Sie kehren um mitten im Jordan.

Auf dem Weg durch die Wüste ist auch einer aus Nazareth. Auch er ist auf der Suche nach Johannes. Auch er ist auf der Suche nach Glück! Womit rechnet er in der Wüste? Hat er eine Ahnung. Sucht er einen Anfang?

Das erzählt die Anfangsgeschichte nicht. Aber der aus Nazareth lässt sich taufen von Johannes im Jordan. Und da geschieht es! Als er aus dem Jordan steigt, da reißt der Himmel auf! Und der Geist fällt auf ihn herab. Und er hört eine Stimme: „Du bist mein lieber Sohn, an dir habe ich Gefallen gefunden!" Endlich: In der Wüste ein offener Himmel.

Endlich: Glück! Segen! Das Glück und der Segen kommen nicht aus uns selbst. Das Glück kommt aus dem offenen, heiteren Himmel. Jesus von Nazareth erhöht sich nicht selbst zum Sohn, er macht sich nicht selbst groß. Nein: der Himmel hat Gefallen an ihm. Der Himmel geht über ihm auf.

Viele andere haben sich selbst erhöht, Kaiser, Despoten, Könige. In der Wüste aber geht der Himmel auf! Der geöffnete Himmel hat auch eine politische Dimension. Mit der Angst und Finsternis lässt sich gut Macht aufbauen. Aber was können Macht und Herrschen schon gegen das Glück ausrichten?

Das ist der Anfang des Evangeliums des Sohnes Gottes. Eine Frohbotschaft für eine finstere und düstere, dem Himmel verschlossene Gesellschaft. Ein geöffneter Himmel – eine Stimme! Der Anfang lässt vieles offen und doch: Wer einen Anfang setzt, setzt auch das Ende. Das ist geheimnisvoll. Ob eigentlich die Umstehenden etwas mitbekommen haben von dieser Verwandlung? Haben sie etwas gehört?

Dieser Jesus von Nazareth ist geheimnisvoll für die Menschen. Das Markusevangelium erzählt eine Geschichte voller Geheimnis - auch die Jünger verstehen nicht.

Und doch: Der Anfang des Evangeliums ist noch nicht zu Ende erzählt. Der Protagonist muss sein Glück und den Segen festigen. Wer in die Wüste geht, braucht Zeit, um wieder ins Land zurückzukehren. Das ging den befreiten Israeliten so, das geht Jesus so. Vierzig Tage bleibt er in der Wüste. Er muss das Glück und den Segen festigen und gegen den Satan verteidigen. Dann aber, so erzählt es der Anfang, wird Johannes der Täufer, der Vorbote, gefangen genommen.

Jesus kehrt aus der Wüste zurück. Kehrt heim nach Galiläa und predigt. Eine Zeitansage.

„Die Zeit ist erfüllt und das Reich Gottes ist herbeigekommen. Kehrt um und glaubt an das Evangelium!" Die Wüste war das Vorspiel. Sozusagen die Geburtsgeschichte des Evangeliums. Jetzt aber ist die Zeit, jetzt ist die Stunde. Und doch ist auch dies geheimnisvoll. Noch ist nicht zu erkennen, was das Reich Gottes ist. Noch ist die Zukunft nicht gestaltet.

Es ist allein der Anfang. Der Anfang ist die erfüllte Zeit. Der Anfang ist der Kairos. Der geöffnete Himmel. Der Himmel, der die Erde berührt. Der Anfang weckt Neugier. Der Anfang weckt Zeichen. Es geht ums Ganze. Es geht ums Glück. Es geht um Segen. Es geht um Wohlgefallen. Es geht um dein Leben.

Die Zeit ist erfüllt. Warte nicht länger, lass dich auf den Anfang ein, der dir heute begegnet. In diesem Anfang können wir unsere Hoffnung sehen. Eine neue Welt – das Reich Gottes. Noch ist es geheimnisvoll – und doch, wir können uns drauf einlassen, denn der Himmel ist offen.

Der Anfang des Evangeliums Jesu Christi – dieser Prolog des Markusevangeliums lädt ein. Eine Woche dem Geheimnis zu folgen – dem Leben nachzujagen. Aber mehr noch: Dieser Anfang lädt ein, im Ende den Anfang zu wagen, im Abbruch den Aufbruch zu sehen, in der erfüllten Zeit die Zukunft zu sehen und in der Dunkelheit das Licht.

Ich versuche das seit einiger Zeit. Vom Anfang her zu leben, heißt nicht, das Ende nicht mehr betrachten. Nein, ich merke: Im Ende liegt der Anfang verborgen, so wie der Tod das Leben erinnert. Lassen wir uns darauf ein: Fangen wir an!

Ein himmlischer Auftrag

Es begab sich aber, als sich die Menge zu ihm drängte, zu hören das Wort Gottes, da stand er am See Genezareth. Und er sah zwei Boote am Ufer liegen; die Fischer aber waren ausgestiegen und wuschen ihre Netze. Da stieg er in eines der Boote, das Simon gehörte, und bat ihn, ein wenig vom Land wegzufahren. Und er setzte sich und lehrte die Menge vom Boot aus. Und als er aufgehört hatte zu reden, sprach er zu Simon: Fahre hinaus, wo es tief ist, und werft eure Netze zum Fang aus! Und Simon antwortete und sprach: Meister, wir haben die ganze Nacht gearbeitet und nichts gefangen; aber auf dein Wort hin will ich die Netze auswerfen. Und als sie das taten, fingen sie eine große Menge Fische und ihre Netze begannen zu reißen. Und sie winkten ihren Gefährten, die im andern Boot waren, sie sollten kommen und ihnen ziehen helfen. Und sie kamen und füllten beide Boote voll, sodass sie fast sanken. Da Simon Petrus das sah, fiel er Jesus zu Füßen und sprach: Herr, geh weg von mir! Ich bin ein sündiger Mensch. Denn ein Schrecken hatte ihn erfasst und alle, die mit ihm waren, über diesen Fang, den sie miteinander getan hatten, ebenso auch Jakobus und Johannes, die Söhne des Zebedäus, Simons Gefährten. Und Jesus sprach zu Simon: Fürchte dich nicht! Von nun an wirst du Menschen fangen. Und sie brachten die Boote ans Land und verließen alles und folgten ihm nach.

(Lukas 5,1–11)

Am Anfang war ich begeistert. Eine biblische Berufungsgeschichte als Predigttext zur Einführung in eine neue Pfarrstelle, was könnte mir Besseres passieren? Vor meinem inneren Auge entstand die erste Szene, von allein fanden die Worte eine passende Melodie:

„Wenn bei Kapernaum die rote Sonne im See versinkt und über den Hügeln Galiläas die bleiche Sichel des Mondes blinkt, fahr'n die Fischer mit ihren Booten auf See hinaus und sie werfen in weitem Bogen die Netze aus." Mehr als bereit war ich, mit ihnen in eins der Boote zu steigen, um die Nacht auf hoher See zu verbringen, gegen Morgen müde an Land zurückzukehren, zwischen geübten Handgriffen beim Waschen der Netze die Enttäuschung über die vergebliche Nachtschicht mit ihnen zu teilen, wohl wissend, dass am Ufer in der aufgehenden Morgensonne schon der Meister wartet und - ja, Herr Jesus, auf dein Wort hin - noch einmal auszufahren, um den Fang meines Lebens zu machen, Fische ohne Ende, fette Beute, bis die Netze reißen und ich den neuen Gefährten winken muss, dass sie kommen und mit mir ziehen an einem Netz. Und ab morgen schaffen wir uns dann noch ein paar zusätzliche Boote an und setzen mit vereinten Kräften die Erfolgsgeschichte fort. Da sind Sie doch hoffentlich mit von der Partie?

„Von nun an wirst du Menschen fangen." Zurück an Land, wieder festen Boden unter den Füßen, im Licht einer eher nüchternen Morgensonne, stolpere ich über diesen Satz:

„Von nun an wirst du Menschen fangen." Das habe ich nicht als Programm ausgegeben in den Gesprächen mit dem Ältestenkreis, und wenn Sie mich im Interview nach einem biblischen Leitbild für meine Arbeit gefragt hätten – dieses wäre mir wohl nicht als erstes eingefallen.

Menschen fangen. Im Grahampark und vor der Tiefburg. Menschen fischen. Am Mühlbach und am Kroddeweiher oder welche Gewässer sich hier anbieten, wo die Fischer doch weiter südlich in Neuenheim zuhause sind. Menschen ködern mit lukrativen Angeboten, damit sie uns ins Netz gehen, sich verfangen und schließlich hängen bleiben in den Netzwerken unserer Kirche, in unserer Gemeinde, in einer unserer zahlreichen Veranstaltungen. So stelle ich mir meine Arbeit nicht vor.

Noch einmal lese ich also den Text und entdecke: Der wahre Menschenfischer in dieser Geschichte ist Jesus selbst. Bevor er zu Simon Petrus sagt: „Von nun an wirst du Menschen fangen", macht er selbst vor, wie das geht. Und so funktioniert seine Menschenfängerei:

Jesus betritt die Bühne als Prediger in einem frühmorgendlichen Freiluftgottesdienst am Ufer des Sees Genezareth. Von wirkungsvoller Inszenierung versteht er etwas. Er lehrt nicht nur in ihren Synagogen, wie es zuvor berichtet wird, er bespielt auch heilige Berge und Uferpromenaden, zum Predigen in dieser lieben Sommerzeit bieten sie sich damals wie heute an. Viel Volk ist ihm gefolgt vom Wald ins Feld, hat vielleicht unterwegs schon Station gemacht im Siebenmühlental, in den Höfen und Gassen der Dörfer oder am Brunnen vor dem Tor. Die Menge bleibt ihm dicht auf den Fersen, folgt seiner Spur, drängt sich um ihn, um das Wort Gottes zu hören. Was für ein schönes Bild!

Die paar Fischer, die nur einen Steinwurf weit entfernt ihrer Arbeit nachgehen, könnten ihm eigentlich egal sein. Er hat ja schon die Massen hinter sich, die großen Zahlen für die Statistik, fünftausend sind es mindestens, wenn nicht mehr, praktisch die komplette Friedensgemeinde hat sich da versammelt. Nun könnte Jesus die Fischer natürlich herüber bitten und einladen, sicher hätten wir eine gute Idee, wie sich auch diese Zielgruppe erreichen ließe. Aber Jesus macht es anders.

Er geht hin und bittet den Fischer Simon um einen Gefallen. Dessen Boot kommt ihm gerade recht. Und die Fähigkeiten seines Besitzers, der fischen, zupacken und rudern kann. So steigt er einfach ein und bittet den Mann, ein wenig vom Land wegzufahren. Es wird Simon Petrus eine Ehre gewesen sein, dass er gebraucht wird - so schnell kommt man zu einem Ehrenamt! - dabei wollte er doch gerade Feierabend machen, oder besser Feiermorgen, nun wird sein Boot zur schwimmenden Kanzel. Jesus macht hier vor, wie eine geglückte Beteiligungskultur aussehen könnte: Ich begegne dir auf deinem Terrain, in deinem Lebensumfeld, und ich frage dich: „Darf ich einsteigen in dein Boot? Darf ich einsteigen in dein Lebensschifflein und eine Weile mit dir fahren? Vielleicht ruderst du uns ein Stück hinaus, damit wir Abstand gewinnen. Deine Kompetenzen und Fertigkeiten sind gefragt. Ja, ich brauche dich jetzt. Es wäre mir und Dir eine Ehre." Und da kann es plötzlich geschehen, ehe du dich versiehst, dass Jesus mit im Boot sitzt und dass in deinem Leben, mitten in deinem Alltag, das Evangelium laut wird.

So wird der Fischer Petrus vom Rand ins Zentrum geholt und vom Zuschauer zum Beteiligten gemacht. So werden Menschen gewonnen. Und so ließe sich die Menschenfängerei nach biblischem Vorbild vielleicht doch betreiben: Dass wir Menschen entdecken mit ihren Begabungen und Talenten, mit ihren Berufen und Berufungen, mit ihren Booten und Netzen, und hingehen und einsteigen.

Wenn so ein Einstieg erst gemacht ist, dann kann es leicht auch weiter und in die Tiefe gehen. Denn nun heißt es in unserer Geschichte: „Fahre hinaus, wo es tief ist, und werft eure Netze zum Fang aus." Für den Neueinsteiger ging es erst nur ein kleines Stück weg vom Land, das bekannte Ufer immer noch in Sicht. Aber jetzt will Jesus mit Simon den niederschwelligen Bereich verlassen und dahin fahren, wo es tief ist. In die Mitte des Sees, wo man nicht mehr so leicht aussteigen und mit nassen Füßen ans Ufer zurück laufen kann. Dahin, wo auch Beziehungen an Tiefe gewinnen.

Und noch ein Lehrstück steckt in dieser Aufforderung Jesu, die so mühelos vom Singular in den Plural wechselt: Wo einer gewonnen ist, da werden auch andere mit gezogen. Eben hat er noch zu Simon gesagt: „Fahre hinaus, wo es tief ist", aber weiter heißt es: „und werft eure Netze zum Fang aus." Da sind ganz beiläufig noch andere angesprochen und mit gemeint; da werden auch die anderen Fischer einfach mit ins Boot geholt. Und schon könnten wir wieder eine neue Gruppe aufmachen.

Aber was für eine Zumutung! Fischen sollen sie am helllichten Tag! Der Starprediger entblößt sich als absoluter

Laie in Sachen Fischfang. Tolle Predigten halten und die Massen begeistern mag er ja können, aber von der Fischerei hat er keinen blassen Schimmer. Da könnte die Geschichte zu Ende sein, weil der Christ in ihr sich blamiert und als weltfremd geoutet hat.

Aber Simon lässt sich auf das Wagnis ein. Zwar formuliert er seine Bedenken: „Meister, wir haben die ganze Nacht gearbeitet und nichts gefangen, aber auf dein Wort hin will ich die Netze auswerfen." Da hat ein Mensch Vertrauen gefasst. Da macht einer etwas, was er noch nie gemacht hat, da lässt einer alle Strategien, die ihn bisher durchs Leben getragen haben, fahren, da springt einer, auch wenn er im Boot bleibt, buchstäblich ins kalte Wasser.

„Ich mach's. Auch wenn es eine total verrückte Idee ist."

Und siehe da, das Wunder geschieht: Eine wahre Fischflut geht ihnen ins Netz, ein Jahrhundertfang. Und während in ihren Netzen die Fische zappeln, zappeln in meinem Kopf die Gedanken. Wie machen wir das bloß? Wie kriegen wir das auch hin? Wie kriegen wir die, die uns bisher durch die Netze gegangen sind und für die ich nun in besonderer Weise verantwortlich sein soll: die Singles und die jungen Erwachsenen, die Menschen in der Mitte des Lebens und solche, die in den Ruhestand gehen, rüstige Rentnerinnen und hoch Betagte, und alle andern, die beim Gemeindebeirat in der vergangenen Woche als mögliche Zielgruppen ausgemacht wurden? Und ich suche noch einmal den Predigttext ab, ob Jesus uns zwischen den Zeilen den einfachen Trick oder die geniale Idee verrät, die sie uns zutreibt. Und bleibe hängen immer nur an diesem einen Satz: „Fahre hinaus. Fahrt hinaus." Mehr oder anderes steht da nicht. Und nun haben wir die Wahl: Entweder; wir ziehen uns auf das Argument zurück, „Meister, wir haben schon viele Jahre lang gearbeitet und alles Mögliche und Unmögliche versucht, und so ein Fang ist noch nie dabei herum gekommen." Oder wir nehmen den anderen Text: „Aber auf dein Wort. Will ich die Netze auswerfen. Ja, ich will."

Und das Schöne ist: Ich bin dabei nicht allein. Denn die Geschichte geht ja noch weiter: „Und sie winkten ihren Gefährten, die im anderen Boot waren, sie sollten kommen und mit ihnen ziehen." Menschen fangen ist Teamarbeit. Davon bin ich ganz fest überzeugt. Aus Überzeugung will ich in einem Gruppenpfarramt tätig sein. Schon oft musste ich in den letzten Tagen meine Gefährtinnen und Gefährten im Pfarramt herbeiwinken, um mir etwas zu zeigen oder zu erklären. Aber auch nach einer gewissen Einarbeitungszeit möchte ich mich ja nicht selbständig machen, sondern mit Ihnen zusammen unterwegs sein, dass wir gemeinsam an einem Netz ziehen, an einem Strang, Glocken in die Höhe ziehen und Karren aus dem Dreck, und nach getaner Arbeit natürlich auch um die Häuser. Die Fischer vom See teilen den grandiosen Erfolg und sie teilen die bittere Enttäuschung. Ob die Netze reißen oder ob sie leer bleiben, immer bleiben sie vernetzt. Solche Menschenfischer und Netzwerker könnten wir auch sein.

Zwei erstaunliche Nachwirkungen hat die Geschichte vom großen Fischfang. Simon Petrus könnte stolz auf sich sein. Er hat alles richtig gemacht: Sein Boot ausgeliehen, Bedenken in den Wind geschlagen, auf den richtigen Mann gesetzt. Er hätte unbedingt das Zeug zum Starfischer. Und die andern müssten das neidlos anerkennen. Aber das außergewöhnliche Erlebnis führt ihn zu einem tiefen Erschrecken und zu der Erkenntnis: „Ich bin ein sündiger Mensch." Der Erfolg verdreht ihm nicht den Kopf, sondern die Begegnung mit dem Menschenfischer Jesus verändert ihn. Und die andern? Es müsste doch jetzt erzählt werden, wie sie ihren Fang vermarkten. Eigentlich erwarte ich bei ihrer Rückkehr am Ufer schon die Marketingexperten mit ihren Strategien. Daraus ließe sich etwas machen, eine Schlagzeile, eine Titelgeschichte, ein Erfolgsrezept, ein Gewinn. Stattdessen heißt es: „Und sie brachten die Boote an Land und verließen alles und folgten ihm nach." Dem Menschenfischer laufen sie hinterher, nicht den Fischen.

Und so verlässt Jesus mit seinen frisch berufenen Menschenfischern die Szene. Zurück bleiben zwei leere Boote am Ufer eines Sees. Sie liegen da wie eine Verheißung. Sie warten auf uns. Warten, dass wir einsteigen, ein wenig vom Land wegfahren und auch dorthin, wo es tief ist. Warten auf den, der vielleicht auch heut vorbei kommt. Warten auf sein Wort.

Auf sein Wort lasst uns die Netze auswerfen.

Güldner Himmelsregen

Schmückt das Fest mit Maien,
lasset Blumen streuen,
zündet Opfer an;
denn der Geist der Gnaden
hat sich eingeladen,
machet ihm die Bahn!
Nehmt ihn ein,
so wird sein Schein
euch mit Licht und Heil erfüllen
und den Jammer stillen.

(EG 135 von Benjamin Schmolck)

Nun haben wir ihn eingeladen, liebe Gemeinde. Eindringlich haben wir um sein Kommen gefleht, mit Worten und mit Tönen. Aber ob er auch kommt, der Heilige Geist, dessen Fest wir heute feiern? Und woran würden wir erkennen, dass er da ist?

Wenn plötzlich ein Brausen geschähe vom Himmel wie von einem gewaltigen Wind und das ganze Haus erfüllte, in dem wir sitzen? Aber nichts rührt sich. Wenn Zungen erschienen zerteilt wie von Feuer und sich auf einen jeden von uns setzten? Aber alles bleibt still.

Den Kirchenraum haben wir gestaltet. Das Fest mit Maien geschmückt bis an die Hörner des Altars, Blumen gesteckt und Kerzen angezündet wie in jedem Gottesdienst. Ob er das als Einladung versteht? Und wir selbst in diesem Raum, in diesem Gottesdienst? Sind wir bereit für den Heiligen Geist? Wollen wir ihn herein lassen, ihm eine Bahn machen, uns seinem Ungestüm aussetzen?

Wenn wir im Pfarramt in unserer wöchentlichen Dienstbesprechung am Dienstagmorgen kurz nach neun noch auf einzelne verspätete Mitglieder warten, dann schlägt früher oder später jemand ein Lied vor. „Kommt, wir singen ihn herbei. Kommt, wir singen sie herbei", heißt es dann. Und wundersamer Weise klappt das meistens. Vielleicht auch mit dem Heiligen Geist.

Singen wir ihn herbei!

Tröster der Betrübten,
Siegel der Geliebten,
Geist voll Rat und Tat,
starker Gottesfinger,
Friedensüberbringer,
Licht auf unserm Pfad:
Gib uns Kraft und Lebenssaft,
lass uns deine teuren Gaben
zur Genüge laben.

*Güldner Himmelsregen,
schütte deinen Segen
auf der Kirche Feld.
Lasse Ströme fließen,
die das Land begießen,
wo dein Wort hinfällt,
und verleih, dass es gedeih,
hundertfältig Früchte bringe,
alles ihm gelinge.*

Tröster der Betrübten, güldner Himmelsregen … Haben Sie es bemerkt? Der Heilige Geist hat viele Namen, und einer ist schöner als der andere. Das kommt daher, weil er die Fülle der Gottheit ist, alles, was in ihm steckt, alles, was mit liebkosenden Worten aus Gott heraus gelockt werden kann. Und der Heilige Geist hat Geschenke mitgebracht, wie es sich für einen Gast gehört. Wertvolle Geschenke sind es, dem Geber würdig, nein, er hat sich nicht lumpen lassen und Dinge ausgesucht, die man nicht an jeder Ecke kaufen kann. „Die Geschenke aber des Geistes sind Liebe, Freude, Friede, Geduld, Freundlichkeit, Güte, Treue, Sanftmut, Keuschheit", schreibt der Apostel Paulus im Galaterbrief. Und ich möchte zu Pfingsten mit Ihnen die Namen und die Gaben des Heiligen Geistes entfalten:

Tröster der Betrübten heißt er. Das ist von Anfang an sein Name. Den hat Jesus selbst ihm seinerzeit gegeben. Da sitzen seine Jünger vor ihm. Sie haben einiges hinter sich gebracht in den letzten Wochen und sind durch ein Wechselbad der Gefühle gegangen. Jesus ist nach einem kurzen Prozess erst gestorben, dann, nach drei endlos scheinenden Tagen auferstanden von den Toten, und jetzt, wo sie sich kaum an diese neue Gegenwart gewöhnt haben, sollen sie schon wieder Abschied nehmen. Diesmal endgültig. Nein, nicht für immer, nur bis zu seiner Wiederkehr am Ende der Zeiten. Aber wer will schon so lange warten? Jesus sieht die Niedergeschlagenen, die ihre Trauer kaum verbergen können. Er sagt zu ihnen: „Ich will den Vater bitten, und er wird euch einen anderen Tröster geben, dass er bei euch sei in Ewigkeit. Ich sage euch die Wahrheit: Es ist gut für euch, dass ich weggehe. Denn wenn ich nicht weggehe, kommt der Tröster nicht zu euch. Wenn ich aber gehe, will ich ihn zu euch senden."

Da ist also ein Trost in der Welt, mehr noch, ein Tröster. Und überall, wo Menschen sich trösten lassen oder getröstet werden, da ist der Heilige Geist am Werk. Bei dem Witwer, der nicht über den Tod seiner Frau hinwegkommt, für den die Tage auch im Mai dunkel sind und die Nächte leer und der selbst oft den Tod herbeisehnt. Bei den Eltern, die um ihre Tochter trauern, die mit 39 Jahren gestorben ist und die seither kein Kind mehr haben. Bei der Mutter, die um die Ehe ihrer ältesten Tochter bangt und bei dem Paar, das vergeblich eine bezahlbare Wohnung sucht und schon seit Monaten auf engstem Raum in der kleinen Wohnung der Schwiegermutter lebt. Es ist ein Trost in der Welt, mehr noch, ein Tröster. Und Pfingsten ist, wenn dieser Trost aufflammt wie eine kleine Feuerzunge und einen Winkel in Kopf oder Herz besetzt.

Der Heilige Geist kann aber noch mehr. Er ist ein wahrer Verwandlungskünstler. Er heißt auch das Siegel der Geliebten. Hören Sie da auch die Hochzeitsglocken läuten wie so oft im Monat Mai? Jeden Samstag geben sich derzeit in der Kirche Menschen ein Ja-Wort.

In den Traugesprächen frage ich manchmal die Paare, was Sie aneinander schätzen und warum sie glauben, dass gerade dieser Mensch, der da neben ihnen sitzt, derjenige oder diejenige ist, mit dem sie den Rest ihres Lebens verbringen wollen. Manchmal passiert es dann, dass der Mann oder die Frau nicht mir die gestellte Frage beantwortet, sondern sich ihrem Partner, ihrer Partnerin zuwendet und ich unverhofft Zeugin einer Liebeserklärung werde: „Du bist schön. Ich kann mich auf Dich verlassen. Mit Dir kann ich lachen und streiten. Du bist so liebevoll. Ich mag Deine Zielstrebigkeit und dass Dich nichts aus der Ruhe bringt." Da fällt mir dann manchmal dieser Kanon aus Taizé ein: „Ubi caritas et amor, deus ibi est": Wo die Liebe wohnt, die Liebe in ihrer fürsorglichen und in ihrer leidenschaftlichen Gestalt, da wohnt Gott. Ich habe diesen Satz lange für einen Irrtum gehalten. Ich dachte, es müsste genau umgekehrt sein. Erst Gott, dann die Liebe. Aber da habe ich wohl den Heiligen Geist unterschätzt, das Siegel der Geliebten. Der weiß es besser: Wo die Liebe hinfällt, wo Menschen sich vergessen und verschenken, füreinander in Liebe entflammen, da hat der Heilige Geist seine Finger im Spiel als ein großer Zündler.

Schließlich trägt er auch diesen Namen zu Recht: Starker Gottesfinger. Die Kraft im kleinen Finger Gottes, das ist der Heilige Geist. Was muss das für ein Gott sein, dem solche Kraft allein im Finger steckt! Der schafft eine Welt mit einem Wink, der ordnet den Kosmos, der zählt die Sterne und den Sand am Meer, aber er schafft auch dies: Er rührt einzelne Menschen an, ganz sachte tippt er sie an wie mit einem zärtlichem Fingerzeig. Und wer sich berühren lässt, der hat am eigenen Leib den Heiligen Geist zu spüren bekommen.

Er ist der Friedensüberbringer. Also schicken wir ihn los in unseren Gebeten nach Burma, nach Bagdad und Beirut und ins ferne Tibet. Nach Aleppo und nach Mossul. Dort wird er mehr als nötig gebraucht mit seinem Erfindungsreichtum, mit seiner Phantasie und mit seinen mehr als menschlichen Möglichkeiten, Frieden zu schaffen, wo kein Ende von Krieg und Feindschaft in Sicht ist. Wenn er wirklich der Geist voll Rat und Tat ist, als den wir ihn eben noch besungen haben, dann bringt er vielleicht Lösungen in endlose Diskussionsprozesse, den Durchbruch in fest gefahrene Verhandlungen, Einsicht in bornierte Haltungen, das Ende in ausweglos scheinende Konflikte.

Und schließlich ist unser Tausendsassa auch noch der güldne Himmelsregen. Es soll zwar lieber noch kräftig die Sonne scheinen zum Fest, aber letztlich können wir uns auch das nur wünschen, dass über dem Feld der Kirche, das wir nach unseren Vorstellungen beackern, mit unseren Einfällen düngen und mit unseren Reformen mal in die eine, mal in die andere Richtung umpflügen, dass es manchmal wie verwüstet daliegt, immer wieder dieser güldne Himmelsregen niedergeht. Schütten soll's und nicht nur nieseln, dass auch aufgeht und wächst, was in diesem Feld vergraben liegt und oft genug verborgen ist. So lebt die Kirche erst auf, wenn der Geist auf ihre Bemühungen herabregnet. Nach so viel Worten singen wir wieder die Strophen 3 und 5.

Lass die Zungen brennen,
wenn wir Jesus nennen,
führ den Geist empor;
gib uns Kraft zu beten
und vor Gott zu treten,
sprich du selbst uns vor.
Gib uns Mut, du höchstes Gut,,
tröst uns kräftiglich von oben
bei der Feinde Toben.

Gib zu allen Dingen
Wollen und Vollbringen,
führ uns ein und aus;
wohn in unsrer Seele,
unser Herz erwähle
dir zum eignen Haus;
wertes Pfand, mach dich bekannt,
wie wir Jesus recht erkennen
und Gott Vater nennen.

Noch etwas kann der Heilige Geist. Es steht nicht ausdrücklich da, weil so ein Name verglichen mit den poetisch anmutenden anderen vielleicht abschreckend wirkte. Aber ganz unbestritten ist der Heilige Geist auch ein Lehrer. So hat Jesus es in dem bereits erwähnten Gespräch zu seinen Jüngern gesagt: „Aber der Tröster, der Heilige

Geist, den mein Vater senden wird in meinem Namen, der wird euch alles lehren und euch an alles erinnern, was ich euch gesagt habe." Wie ein guter Lehrer spricht er uns vor, auf dass wir etwas nachsagen können, repetieren, durch Wiederholung uns einprägen. Und nicht vergessen: Er ist ein Meister der Erinnerungskunst. Erzählt uns immer und immer wieder die Geschichten von Jesus. Wird nicht müde zu behaupten, dass es Jesus ist, der uns gezeigt hat, wer Gott für uns ist. Fordert uns auf, Gott einen Vater zu nennen, ganz vertraut und ohne Scham.

Er hat sich aus diesem Grund in der Bibel versteckt, zwischen den Seiten, zwischen den Zeilen hält er sich verborgen. Er kann warten, und wo immer wir dort auf Worte stoßen, die uns im Innersten berühren, die uns nicht mehr los lassen, die uns begleiten wollen, da springt er hervor und haucht uns kräftig an. Und wenn wir zuweilen trotz aller Worte sprachlos sind, so lehrt er uns das Beten. „Denn", schreibt der Apostel Paulus, „wir wissen nicht, was wir beten sollen, wie sich's gebührt, sondern der Geist selbst vertritt uns mit unaussprechlichem Seufzen." Seufzen kann er also auch. Gibt es überhaupt etwas, was er nicht kann? Er gibt Kraft, wenn die Kraft fehlt, gibt Worte, wenn die Worte fehlen, macht sich unsere Anliegen zu Eigen und liegt Gott damit in den Ohren. Zur Ruhe kommt er nie, ist immer in Bewegung, weht, wann und wo er will. Singen wir ihm noch einmal zu:

Hilf das Kreuz uns tragen,
und in finstern Tagen
sei du unser Licht;
trag nach Zions Hügeln
uns mit Glaubensflügeln
und verlass uns nicht,
wenn der Tod, die letzte Not,
mit uns will zu Felde liegen,
dass wir fröhlich siegen.

Lass uns hier indessen
Nimmermehr vergessen,
dass wir Gott verwandt;
dem lass uns stets dienen
und im Guten grünen
als ein fruchtbar Land,
bis wir dort, du werter Hort,
bei den grünen Himmelsmaien
ewig uns erfreuen.

Der Heilige Geist kann fliegen. Nicht von ungefähr wird er manchmal als Taube dargestellt. Und auch diese Gottesgabe hält er nicht wie einen Raub fest, sondern verschenkt sie. Er verleiht Flügel. Jene Flügel der Morgenröte, von denen im Psalm die Rede ist und mit denen man bis ans äußerste Meer fliegen kann. So lässt er uns zuweilen alle Erdenschwere vergessen. So macht er das Unerträgliche leicht. Hilft das Kreuz uns tragen und verlässt uns nicht. Er ist die Durchhalteparole auf mühsamen Wegen und auf dem letzten Weg hin zu den grünen Himmelsmaien.

Nun, liebe Gemeinde, mit welchem seiner vielen schönen Namen wollen Sie ihn heute einladen, herein lassen, und bitten, dass er Wohnung nehme und bleibe? Wünschen Sie sich was zu Pfingsten, auch wenn das ein Fest ist, an dem es sonst keine Geschenke gibt.

Und dann legen Sie Ihren Wunsch in die Bitte „Veni, Creator Spiritus: Komm, Heiliger Geist."

und nur

der liebe gesetz

gilt von hier

bis zum himmel

viel hat von morgen an

erfahren der mensch

bald aber

sind wir gesang

Lebenserfahrungen

Und als er wieder fortging aus dem Gebiet von Tyrus, kam er durch Sidon an das Galiläische Meer, mitten in das Gebiet der Zehn Städte. Und sie brachten zu ihm einen, der taub war und stammelte, und baten ihn, dass er ihm die Hand auflege. Und er nahm ihn aus der Menge beiseite und legte ihm die Finger in die Ohren und spuckte aus und berührte seine Zunge und sah auf zum Himmel und seufzte und sprach zu ihm: Hefata!, das heißt: Tu dich auf! Und sogleich taten sich seine Ohren auf, und die Fessel seiner Zunge wurde gelöst, und er redete richtig. Und er gebot ihnen, sie sollten's niemandem sagen. Je mehr er's ihnen aber verbot, desto mehr breiteten sie es aus. Und sie wunderten sich über die Maßen und sprachen: Er hat alles wohl gemacht; die Tauben macht er hören und die Sprachlosen reden.

(Markus 7,31–37)

Nur noch zwei Tage bis zu ihrem Geburtstag. Übermorgen wird sie siebzig. Sie muss schlucken. Das ist ein Wort. „Einmal, da wirst du siebzig sein, dann bin ich noch bei dir." Ständig geht ihr in den letzten Tagen dieser alte Schlager durch den Kopf. Die Zahl war unvorstellbar weit weg gewesen, als sie als junge Frau dazu getanzt hatte. Und gestimmt hatte es auch nicht. Der Mann, der damals mit ihr übers Parkett gefegt war, war ein ausgezeichneter

Tänzer gewesen. Aber später hatte er sie sitzen lassen wegen einer Jüngeren. Die war jetzt erst Mitte fünfzig. Noch immer nagt die Verletzung an ihr. Und übermorgen wird sie siebzig. Da wird wohl die Pfarrerin vor der Tür stehen. Die könnte vom Alter her gut ihre Tochter sein. Sie wird lächeln und sagen, „Herzlichen Glückwunsch, jetzt sind Sie alt." Nein, das wird sie nicht sagen, sie versteht gar nicht, wie das ist, wenn man immer jung war und dann plötzlich siebzig wird. Vermutlich wird sie sogar ein Programm vom Seniorenkreis aus der Tasche ziehen. Siebzig. Die Zahl tanzt ihr manchmal in großen Ziffern nachts vor Augen, wenn sie nicht schlafen kann. Früher hat sie solche Festvorbereitungen lässiger weg gesteckt. Vielleicht hat sie sich doch zu viel vorgenommen mit der Idee, das Fest noch einmal selbst ausrichten zu wollen. Sie hätte einfach in einem guten Restaurant Tische bestellen und sich und ihre Gäste verwöhnen lassen sollen. Stattdessen hat sie den Gemeindesaal angemietet und hat nun jede Menge Arbeit damit. Heute ist Sonntag, da haben die Läden zu, da kann sie nicht viel machen. Sie könnte in die Kirche gehen, dann geht der Vormittag schneller herum. Aber dann muss sie sich beeilen, die Glocken läuten schon. Hastig macht sie sich auf den Weg.

„Mädel, mit dir kam der Krieg", hört sie die Stimme ihres Vaters von irgendwo her aus der Vergangenheit. Das hat er jedes Jahr gesagt. Es war sein spezieller Geburtstagsgruß, und es war die Hypothek, die sie ein Leben lang mit sich herum schleppte, weil sie am 1. September 1939 zur Welt gekommen war. „Mit dir kam der Krieg." Er hatte den Vater mitgenommen.

Sie hat die Kirchentür erreicht und schlüpft hinein. Die Orgel spielt schon, es klingt fröhlich. „Geh aus, mein Herz, und suche Freud", singen sie. Ihres ist schon längst unterwegs und durchwandert ferne Zeiten. Vielleicht kann es sich anstecken lassen von der Sommerlust und für eine Weile vergessen, was dahinten liegt. Die beschwingte Melodie gefällt ihr. Vielleicht kann sie das Lied noch aufnehmen in die kleine Liedersammlung, die sie für ihren Geburtstag angelegt hat, damit man zu fortgerückter Stunde gemeinsam singen kann. Aber dann bräuchte ihr Schwager noch die Gitarrengriffe. Im Gesangbuch stehen keine. Sie ist nicht bei der Sache und ruft sich zur Ordnung. Sie sollte besser aufpassen. Den Anfang des Predigttextes hat sie schon verpasst. Jetzt heißt es „Und sie brachten einen zu Jesus, der taub und stumm war, und baten ihn, dass er die Hand auf ihn lege."

Taub und stumm war der Vater gewesen, als er aus dem Krieg nach Hause kam. Der Geschützlärm hatte ihm das linke Trommelfell zerfetzt. Aber das war nicht das

Schlimmste. Sie war schon fast zehn gewesen, als der Vater heimkehrte aus der Gefangenschaft, eine graue stoppelige Gestalt. Sie hatte mit der Mutter endlos lange auf einem Bahnsteig gewartet, einen Strauß Buschwindröschen in der schwitzenden Hand. Es war ein Getümmel gewesen wie auf einem Volksfest, und dann hatte der fremde Mann plötzlich vor ihr gestanden und sie mit strengem Blick gemustert. „Mit dir kam der Krieg", schienen diese Augen damals schon zu sagen, obwohl kein Wort über seine Lippen kam. „Sieh an, was er aus mir gemacht hat". Der Vater sagte nichts. Auch zuhause nicht, am Küchentisch, als er sich umgeschaut und gesetzt hatte und das Essen verschlang, das die Mutter gekocht hatte, ein zerkochtes Stück Schweinebraten, wer weiß, woher sie den aufgetrieben hatte. Die Mutter war es auch gewesen, die versucht hatte, das Schweigen zu brechen, an diesem Tag und in den folgenden. Und tatsächlich fanden die Eltern auch Dinge, über die sie reden konnten, meist kleine alltägliche Absprachen. Der Krieg und seine Erlebnisse gehörten nicht zu den Themen, über die gesprochen wurde. Auf diesem Ohr blieb der Vater taub und stumm. Dann waren kurz hintereinander ihre drei jüngeren Geschwister zur Welt gekommen, die lösten die Zunge des Vaters auf ihre Weise, denn mit ihnen konnte er unglaublich albern herumschäkern. „Mit dir kam der Krieg." Der Krieg hatte dem Vater die Sprache verschlagen. Er hatte ihn taub und stumm gemacht. Später änderte sich das ein wenig. Da kamen einzelne Geschichten. Nicht viele. Es waren vielleicht drei oder vier. Eine handelte von einem verirrten Huhn, das er und drei Kameraden mit bloßen Händen und angeblich unter Einsatz ihres Lebens gefangen und über einem offenen Feuer gegrillt und verzehrt hatten. Nicht weiter schlimm. Sie waren belanglos, diese Geschichten, aber sie wurden immer wieder erzählt, bis sie eine feste, geronnene Form angenommen hatten. Sie waren der einzige Kanal. Durch sie floss der Krieg aus ihm heraus. Was wirklich war, davon schwiegen diese Geschichten.

Sie sah wieder zur Kanzel, schalt sich selber taub und wollte doch hören, was die Pfarrerin zu sagen hatte, um endlich auf andere Gedanken zu kommen. Ein wenig verwundert stellte sie fest, dass die Predigt trotz ihres Gedankenausflugs anscheinend noch nicht viel weiter gekommen war, denn die Worte fügten sich nahtlos an die Stelle, bei der sie ausgestiegen war: „Und Jesus nahm ihn aus der Menge beiseite und legte ihm die Finger in die Ohren und berührte seine Zunge mit Speichel und sah auf zum Himmel und seufzte und sprach zu ihm: „Hefata, das heißt: Tu dich auf!"

Wie oft hatte sie versucht, den Vater beiseite zu nehmen. Weil mit ihr der Krieg gekommen war, fühlte sie sich dafür verantwortlich, ihn auch aus den Gedanken des Vaters zu vertreiben und ihn davon zu befreien. Wenn er auf Familienfesten seine vier Kriegsgeschichten erzählte, die auch die anderen alle längst kannten, hörte sie ihm geduldig zu und lenkte ihn ab von denen, die schon mit den Augen rollten. Sie wusste, dass er in der Öffentlichkeit nicht anders konnte. Aber unter vier Augen. Da hatte sie es nicht gelten lassen. Da wollte sie es wissen. „Was hast du wirklich erlebt damals?" Sie hatte ihn direkt konfrontiert, ihn mit Fragen bombardiert, und als das nichts fruchtete, hatte sie versucht, an seine Geschichten anzudocken und ihm irgendetwas zu entlocken. Den Finger auf die Wunden gelegt, dass es schmerzte, hatte sie so wie Jesus in der Geschichte, aber es hatte nichts genützt. Sie war nur auf taube Ohren und einen stummen Mund gestoßen. Das Zauberwort, das Hefata, hatte sie nicht getroffen, das die Fesseln gelöst und den Himmel aufgeschlossen hätte. Aber sie hatte nicht locker gelassen. Eine Therapie hatte sie dem Vater empfohlen, also gut, wenn du nicht mit mir reden willst, dann mit jemand Außenstehendem. Er war böse geworden, du glaubst wohl, ich bin nicht ganz richtig im Kopf. Dann hatten sie das Thema vermieden, viele Jahre lang, auch auf Bitten der Mutter, lass ihn doch, du regst ihn immer so auf. „Und er gebot ihnen, sie sollten's niemand sagen. Je mehr er es aber verbot, desto mehr breiteten sie es aus." Irgendwann hatte sie ihren Widerstand aufgegeben.

Dann kam sein 70. Geburtstag. Da war sie 44 gewesen und frisch geschieden. Sie hatte eigentlich nicht kommen wollen, aber das könne sie ihrem Vater doch nicht antun. Der wollte bei diesem Ereignis alle seine Kinder um sich haben. Auf den Ex-Schwiegersohn konnte man zur Not verzichten. Aber sie musste kommen. Da saß sie mit ihren beiden Kindern auf dem Platz vor ihrem Namensschild und machte Konversation und gute Figur. Alle wussten, was los war. Keiner sagte etwas. Sie hüllten sich in Schweigen. Sie stellten sich taub. Wo sie sich dazu stellte, verstummten die Gespräche und wechselten das Thema, man konnte ja über so vieles reden, ohne was zu sagen, und sie spielte das Spiel den ganzen Abend lang mit, verfolgt von mitleidigen Blicken im Rücken. „Opa wird siebzig, freut euch, ihr Leut'!" Der Chor der versammelten Enkelschar hatte damals alle zu Tränen gerührt.

„Und sogleich taten sich seine Ohren auf, und die Fessel seiner Zunge löste sich, und er redete richtig." Wann hatte sie das letzte Mal richtig geredet? Nicht um den heißen Brei herum, nicht in den erwarteten Floskeln und nach den ungeschriebenen Gesetzen des smalltalk? Sie hatte sich Fesseln anlegen lassen, und ihre Zunge hatte im Lauf der Jahre nur noch gesagt, was alle hören wollten. Aber vor ein paar Wochen, da hatte sie sich richtig gestritten. Mit ihren Geschwistern. Vor allem mit der jüngsten Schwester. Da war sie richtig laut geworden. Es ging um ihren Geburtstag. Sie wollte den Vater dabei haben. Der lebte mit seinen 96 Jahren schon lange in einem Altenheim. Körperlich hätte man ihn durchaus als rüstig bezeichnen können, aber er war völlig dement, erkannte keines seiner Kinder und redete nur unzusammenhängendes und wirres Zeug. Gelegentlich holte sie ihn zu einem Spaziergang ab und schob ihn im Rollstuhl durch die Straßen. Am liebsten ging er mit zum Enten Füttern am Teich und warf dort mit großer Begeisterung trockenes Brot ins Wasser, ganz so wie ihre Enkelkinder. „Den kannst du doch nicht allen Ernstes vorführen wollen", hatte ihre Schwester ihr an den Kopf geworfen. Sie hatte mit großer Geste angeführt, ihn schützen zu wollen. „In Wirklichkeit willst du dich doch nur selber schützen", hatte sie geantwortet, und sie waren aneinander geraten und im Unfrieden geschieden. Die Frage nagte an ihr, ob der Vater sich vor den verdrängten und nicht beantworteten Fragen seines Lebens in die Demenz geflüchtet hatte. Es war schon gleich nach dem Tod der Mutter losgegangen. Die hatte ihn immer in Schutz genommen vor der Welt. Ohne sie war er schutzlos. Da waren seine Ohren und seine Zunge auf ganz neue Weise taub und stumm geworden. Sie mussten diese Welt nicht mehr verstehen und sie nicht mehr deuten. Er lebte in seiner eigenen Welt.

„Und sie wunderten sich über die Maßen und sprachen: Er hat alles wohl gemacht; die Tauben macht er hörend und die Sprachlosen redend." Verwundert hörte sie die Worte. Wieder war sie abgeschweift und hatte dabei das Wunder verpasst. Das Wunder, das Jesus an dem taubstummen Mann vollbracht hatte. Da hatte sich der Himmel aufgetan. Ihr war das nicht geglückt. Sie hatte ihren Vater nicht zum Reden bewegt, als er noch hören konnte. Und später hatte sie sich den Mund verbieten lassen.

Amen. Jetzt war die Predigt vorbei. Sie hatte gar nicht richtig zugehört. Aber sie war sich plötzlich sicher, dass sie eine Rede halten wollte an ihrem 70. Geburtstag. Richtig reden wollte sie. Und es nicht den anderen überlassen. Und ihren Vater würde sie auch holen. Er sollte es auch hören. In ihrem Kopf nahmen erste Formulierungen Gestalt an. Dann stand sie auf, und die Pfarrerin sprach den Segen. Sie hörte genau hin. Sie verstand jedes Wort. Und sie sprach es leise mit.

Trost in der Krise

Es ist November. Die Tage werden trübe. Es wird kälter. Es geht dem Ende des Kirchenjahres entgegen. Mit der ansteigenden Dunkelheit der Tage, der aufkommenden Kälte und den fallenden Blättern, ja den kahlen Bäumen, werden wir unserer Endlichkeit gewahr. Jedes Jahr beginnt mit dem Volkstrauertag so etwas wie die Woche der Erinnerung: die Erinnerung an die Opfer von Gewalt und Krieg und Terror heute am Volkstrauertag, die Erinnerung an die eigene und die kollektive Verstrickung in Schuld, die Erinnerung an die eigene Entfremdung von Gott und der Bestimmung des Menschen am Buß- und Bettag und schließlich die Erinnerung an die eigentliche Endlichkeit und die Verstorbenen am Ewigkeitssonntag.

Es ist November – ein schwerer Monat für viele. In den trüben Novembertagen hörte ich meine Großmutter stets sagen: „Das einzige, was durch diese trüben und schweren Tage trägt, ist die Erwartung des warmen Advents." In der Schwere sah sie die Hoffnung und doch verdrängte sie die Schmerzen der Zeit nicht.

Wie wohltuend ist es aber, wenn die Hoffnung und die Erwartung nicht nur als Trotzhaltung begegneten, sondern wenn in genau solch schweren Stunden ein Trostbrief die Gemeinde von Handschuhsheim erreicht. Ein Trostbrief wie jener, der in der Offenbarung des Johannes im 2. Kapitel an die Gemeinde von Smyrna geschrieben ist.

Hört, was dem Engel der Gemeinde geschrieben ist:

Und dem Engel der Gemeinde in Smyrna schreibe: Das sagt der Erste und der Letzte, der tot war und ist lebendig geworden: Ich kenne deine Bedrängnis und deine Armut – du bist aber reich – und die Lästerung von denen, die sagen, sie seien Juden, und sind's nicht, sondern sind die Versammlung des Satans. Fürchte dich nicht vor dem, was du leiden wirst! Siehe, der Teufel wird einige von euch ins Gefängnis werfen, damit ihr versucht werdet, und ihr werdet in Bedrängnis sein zehn Tage. Sei getreu bis an den Tod, so will ich dir die Krone des Lebens geben. Wer Ohren hat, der höre, was der Geist den Gemeinden sagt! Wer überwindet, dem soll kein Leid geschehen von dem zweiten Tode.

(Offenbarung 2,8-11)

Apokalyptische Worte klingen manchmal martialisch. Sie entfalten auf der düsteren Folie der apokalyptischen Welt eine ungeheure Wirkung. Bekannte Worte begegnen uns in diesem Trostbrief:

Denken wir nur an: „Sei getreu bis in den Tod."

Ein bekanntes, oft gebrauchtes Wort. Eine Durchhalteparole: Sei getreu bis in den Tod! Um bei dem November zu bleiben und dieser Woche der Schwere: Da musst du jetzt durch! Kopf hoch, geht schon. Sei treu, sei gehorsam. Kommen auch bessere Zeiten. Wenn du siegst, wenn du durchhältst, dann wirst du ewiges Leben erlangen.

Welch eine Zumutung, dieser Satz! Er steht über zahlreichen Kriegerdenkmälern und Ehrenmälern. Der Versuch, dem sinnlosen Tod des Krieges einen zweifelhaften Sinn zu geben, der da sagt: Die Treue zum Eid, zum Vaterland ist gottgewollt. Der Gehorsam des Soldaten ist Treue bis in den Tod. Welch ein Hohn für die Verschwendung von jungen Menschen auf Schlachtfeldern, welch höhnische Sinnkonstruktion für eine missbrauchte, zerstörte Jugend einer ganzen Generation. Bietet dieser Satz wirklich Trost oder beschwichtigt er nur? Ich frage mich: Was spendet eigentlich Trost?

Was spendet eigentlich Trost? Ist es die gute Aussicht? Ist es die Beschwichtigung: „Du bist doch reich!"? Ist es die Rede über die anderen? Die Abwertung der Bedränger als Synagoge des Satans? Ist es die Sinnkonstruktion: Die Treue – wem oder was gegenüber auch immer – ist deine Krone des Lebens?

All das mag man gut hören können. Für sich genommen vertröstet es wohl. Trost ist es für mich nicht: Wenn ich dem Trauernden sage: „Ist nicht so schlimm! Ist doch besser so!" Wenn die Witwe gesagt bekommt: „Er war treu bis in den Tod und hat die Krone des Lebens!" Wenn der Hungernde hört: „Du hast ja immerhin einen wärmenden Mantel!" Es sind vertröstende Ablenkungsversuche, die das Wesentliche des Trostes ausblenden: Die Not und die Armut der Bedrängnis.

Wie gut, dass auch dieser Satz einen Kontext hat. Dass dieser Satz nicht einmal das Zentrum dieses Kontextes ist, sondern dass ganz zu Anfang des Trostbriefes, diese wenigen, oft überlesenen Worte stehen: „*Und dem Engel der Gemeinde in* Smyrna *schreibe: Das sagt der Erste und der Letzte, der tot war und ist lebendig geworden: Ich kenne deine Bedrängnis und deine Armut* ." Der Trost beginnt mit der Wahrnehmung des Leidens. Trost verschweigt nichts und schweigt nicht. Trost schaut nicht weg. Der Erste und der Letzte, Jesus Christus – Gott, Schöpfer, Erlöser und Versöhner, Erster und Letzter sagt:

„*Ich kenne deine Not und deine Armut!*" Das ist es zunächst einmal. Die Bedrängnis ernstnehmen, wahrnehmen, mitleiden, hinhören. Sie nicht mit platten Plattitüden beschwichtigen! Ich kenne deine Not und deine Armut! Es ist das Hinhören und das Hinsehen auf dich, lieber Bruder und liebe Schwester, Gott schaut dich an: in deiner ganz eigenen Not, er sieht deine Sorgen, er sieht deine Angst, er sieht deine Armut.

Gott schaut uns an. Er sieht seine Gemeinde, seine Kirche, mit all ihrer Not und Armut: Vielleicht ist es nicht die finanzielle Armut, nein, wir kommen doch über die Runden irgendwie, und doch: überall geht es um Geld, fehlt es an den nötigen Mitteln, um Gebäude zu halten.

Schwerer aber wiegt doch die geistige Not: Gott kennt die Schwierigkeit, dass die Botschaft ins Heute gesagt wird, er sieht die Not seiner Gemeinde, Menschen heute zu erreichen. Wie viele Schmähungen gibt es da, wenn Kritiker den Glauben schmähen, angreifen und verachten als ewig gestrig. Das ist auch unsere Not.

„Ich keine deine Not und deine Armut." Der bedrängte und der in Not Geratene will angesehen und angeschaut werden. Das ist der Boden, auf dem Trost empfangen werden kann. Wenn jemand deine Not und deine Armut teilt, sie mitträgt und nicht drüber hinweg schweigt. Wie oft aber schweigen wir über die Not und suchen stattdessen nach Erklärungen. Unser Schweigen lindert die Not nicht, unser Schweigen stillt nicht den pochenden Schmerz.

Nein, der Erste und der Letzte, Gott selbst sagt: *„Ich kenne deine Not und deine Armut."* Ich sehe sie an. Ich nehme dich wahr in ihr. Das ist kein „Stell dich nicht so an-Geplapper!" Im Gegenteil: Ich kann Armut Armut nennen, und was mich bedrängt, wird wahrgenommen!

„Und doch, du bist reich." Erst auf dem Boden der Leidenswahrnehmung entfaltet sich der Trost. Du bist reich! Was aber ist dein Reichtum? Dein Reichtum ist, dass Gott deine Leiden, deine Not, deine Armut ansieht, sie mit dir teilt, dass du – wenn auch kein Mensch dir zuhört – bei Gott, bei Jesus Christus, ein Gehör findest in deiner Klage und Solidarität im Leiden. Dein Reichtum ist, dass diese Solidarität nicht aufhört, weder im Fallen, noch im Sterben, nicht einmal im Tod.

Darum, weil du reich bist in dieser Solidarität Christi, weil du so reich bist in der Liebe Gottes, darum „fürchte dich nicht vor dem, was dir an Leiden noch bevorsteht." Sei gewiss, du leidest nicht allein, Gott leidet mit dir! Das ist sein Trost für dich.

Auf diesem Trostbett aber bekommt das Wort, das über so vielen Kriegsdenkmälern steht, und das doch wie eine Durchhalteparole klingt, einen anderen Sinn. Es geht nicht um Treue zum Vaterland, es geht überhaupt nicht über die Treue eines Soldaten zu seinen Befehlen. Nein, diese Treue ist nicht gemeint. Es geht um das Elementare, um das Menschliche!

Denn die Treue wird von jenen verlangt, zu denen der Erste und der Letzte sagte: *„Ich kenne deine Not und deine Armut."* Fürchte dich nicht! Es geht um den Menschen und sein Vertrauen. Das griechische Wort, das Luther und nach ihm viele mit „treu" übersetzt haben, heißt *pistos*. Es kann passiv auch mit *glaubwürdig, zuverlässig, treu* oder aktiv mit *glaubend* übersetzt werden. Es geht um mehr als blinde Treue. Und auch die „Krone des Lebens" ist nichts, was noch oben drauf kommt. Nein, die Krone des Lebens ist das Leben selbst – das zeitliche wie das ewige.

Dann aber lässt sich dieses Wort auch ganz anders hören: Der Erste und der Letzte; der dein Leid und deine Not sieht und kennt, der spricht: Früchte dich nicht. Glaube, vertraue, so werde ich dafür sorgen, dass du lebst.

Wir dürfen uns auf Gottes Treue, auf Gottes Solidarität in allem Leiden verlassen. Wagen wir zu glauben und zu vertrauen. Über alle Grenzen hinweg, zweifeln sollen wir an allen Ideologien, zweifeln sollen wir an allen, die unser Leid mit Treueschwüren beschwichtigen, zweifeln müssen wir an allen, die schweigen und wegschauen und weghören, wo Unrecht – auch im Kleinen und Alltäglichen –

geschieht, zweifeln müssen wir an den Bequemen, die immer eine Erklärung haben.

Der Erste und der Letzte hat keine Erklärung. Er hat vielleicht nicht einmal eine wirksame Anwort, aber er kennt dich und dein Menschsein. Er sieht deine Armut – und deinen Reichtum. Er sieht deine Not – und deine Sehnsucht, er sieht deine Sorge – und deine Hoffnung. Er sieht dich und sagt: Vertrau mir, glaube und ich werde dafür sorgen, dass du lebst. Du magst im Tod aus allen Beziehungen fallen, aber den zweiten Tod, den wirst du nicht sterben, denn ich halte an dir fest, gegen und durch allen Tod. Ich schenke dir Leben – das war und das ist und das sein wird.

und nur

der liebe gesetz

gilt von hier

bis zum himmel

viel hat von morgen an

erfahren der **mensch**

bald aber

sind wir gesang

Mensch Noah

Es stürmt unaufhörlich. Ein Ende ist nicht abzusehen. Es stürmt. Das Wasser vernichtet alles, Regen 40 Tage lang, steigende Wasser 150 Tage lang aus allen Quellen der Erde. Es stürmt. Es flutet.

Und in der Arche ist es eng, ist es dunkel. Verzweiflung und der Gestank des Bösen, der Gestank der Angst.

Nimmt es jemals ein Ende? Hält Gott sein Versprechen? Wird noch einmal Land in Sicht sein? Warum nur? Warum diese Gewalt Gottes gegen seine eigene Schöpfung? Zerstört der Schöpfer am Ende alles?

Es ist dunkel. Der Rhythmus des Lebens ist dahin, wenn Angst und Verzweiflung, Stille und Chaos herrschen. Wenn das jemals ein Ende nimmt – so viel ist sicher – wird nichts mehr so sein wie zuvor.

Aber jetzt ist Stille. Gott schweigt. Noah schweigt. Alles schweigt. Vor der Übermacht der Vernichtung. Vor der Übermacht des Bösen. Gottvergessen. Das ist das Ende!

Da gedachte Gott an Noah und an alles wilde Getier und an alles Vieh, das mit ihm in der Arche war; und Gott ließ Wind auf Erden kommen, und die Wasser fielen. Und die Brunnen der Tiefe wurden verstopft samt den Fenstern des Himmels, und dem Regen vom Himmel wurde gewehrt. Da verliefen sich die Wasser von der Erde und nahmen immer mehr ab nach hundertfünfzig Tagen. Am siebzehnten Tag des siebenten Monats setzte die Arche auf dem Gebirge Ararat auf. Es nahmen aber die Wasser immer mehr ab bis auf den zehnten Monat. Am ersten Tage des zehnten Monats sahen die Spitzen der Berge hervor. Nach vierzig Tagen tat Noah an der Arche das Fenster auf, das er gemacht hatte, und ließ einen Raben ausfliegen; der flog immer hin und her, bis die Wasser vertrockneten auf Erden. Danach ließ er eine Taube ausfliegen, um zu erfahren, ob die Wasser sich verlaufen hätten auf Erden. Da aber die Taube nichts fand, wo ihr Fuß ruhen konnte, kam sie wieder zu ihm in die Arche; denn noch war Wasser auf dem ganzen Erdboden. Da tat er die Hand heraus und nahm sie zu sich in die Arche. Da harrte er noch weitere sieben Tage und ließ abermals die Taube fliegen aus der Arche. Sie kam zu ihm um die Abendzeit, und siehe, sie hatte ein frisches Ölblatt in ihrem Schnabel. Da merkte Noah, dass die Wasser sich verlaufen hatten auf Erden. Aber er harrte noch weitere sieben Tage und ließ die Taube ausfliegen; sie kam nicht wieder zu ihm.

(1.Mose 8,1-12)

Die Sintflutgeschichte ist eine brutale Geschichte. Eine Geschichte des Bösen. Sie beginnt mit der Reue Gottes über seine dem Bösen verfallene Schöpfung. In seine gute Schöpfung war das Böse eingekehrt – die Menschen, Adam und Eva und Kain hatten das Böse in der Welt manifestiert. Gott hatte das Chaos gebändigt, aber mit der Ordnung entstand das Böse als Potenzial der Zerstörung.

Die Sintflutgeschichte ist eine brutale Geschichte, auch wenn wir in Kinderbibeln und im Erzählen der Geschichte meist den Regenbogen und das Ende erzählen. In dieser Geschichte nimmt Gott das Böse in sich auf, ja es kommt mit seiner ganzen Macht in Gottes Handeln zur Entfaltung. Die Zerstörung der Welt. Die Zerstörung der Schöpfung. Alles wird weggespült. Und die wenigen, die nicht umgekommen sind, treiben ziellos in einem Kasten über die Fluten – ohne Perspektive.

Das Böse aber ist allgegenwärtig. Und wenn wir es einen Moment aushalten, diese Geschichte aus der Arche heraus zu hören, aus der Arche im Sturm, in den Wasserfluten, in der Dunkelheit, in dem Gestank und dem Hunger. Dann vielleicht können wir uns entdecken in den schweigenden Menschen dieser Geschichte: Noah und seine Familie schweigen, ihnen hat es die Sprache verschlagen.

Wir, die wir heute alles meinen erklären zu können, sind doch letztlich immer wieder sprachlos vor der Gewalt des Bösen:

Wir schweigen betroffen und verschämt, wenn wir sehen, wie anderen Gewalt angetan wird in Bussen und Bahnen.

Wir schweigen sprachlos, wenn sinnloses Leid in die Welt einfällt, wenn junge Menschen durch Krankheit und Unfall sterben, wenn Naturgewalten uns erschüttern, die Fluten unserer Tage – ob auf den Philippinen, in Pakistan, Thailand, Mosambik. Wir sind stumm gegenüber dem Gewaltigen.

Wir schweigen, wenn in unserer Gegenwart Menschen durch die Gewalt der Worte angegriffen und verletzt werden, wir schweigen, weil wir nicht verstehen, was da gerade geschieht.

Wir schweigen immer wieder, weil das Schweigen unsere Ohnmacht gegenüber dem Bösen ist, das in dieser Welt existiert, dass nicht tot zu kriegen ist, trotz aller Versuche, trotz aller Sicherheitskonferenzen, trotz Krebsforschung, trotz Verbot von Massenvernichtungswaffen, trotz Bündnissen.

Wir schweigen auch vor dem unmenschlichen Konkurrenzdruck und den ökonomischen Selektionsprinzipien in unseren westlichen Gesellschaften, in denen überflüssig erscheint, wer nicht genug leisten kann oder will. Und immer mehr Menschen kein würdiges Auskommen haben.

Wir schweigen und stellen doch immer wieder die Gottesfrage: Wie kann Gott das zulassen?

Noah schweigt im Angesicht der Fluten. Noah schweigt gegen das Böse Gottes, der die Schöpfung vernichtet.

Was aber ist unser Schweigen? Ist es die Resignation vor dem Immer-weiter-so?

Wir können es ja doch nicht ändern! Oder ist es die Schockstarre, weil wir von falschen Visionen und Hoffnungen – ja Gottesbildern getrieben sind? Unser Schweigen ist in seiner Ohnmacht zugleich voller Sehnsucht nach einer neuen, anderen Welt.[5]

Und diese Sehnsucht bricht sich Bahn in den fiktiven Sintflutgeschichten unserer Tage, die wir mit Bierchen in der Hand und Popcorn im Mund in uns hineinziehen: „The Book of Eli", „I am Legend", „2012" „Doomsday", „The Road", „28 Weeks Later", "Armageddon 2012", "The Walking Dead", um nur ein paar der apokalyptischen Filme der letzten Jahre zu nennen. Scheinbar sind viele beglückt, sich das Aussterben des Menschen, die Verödung des Planeten, die nicht zu überbietende Brutalität unserer Welt vorzustellen und anzusehen. Wieso eigentlich laufen besonders junge Menschen in Scharen in diese Filme?

Vielleicht funktionieren diese Filme ja deshalb, weil vor dem Hintergrund dieses Horrors und des Chaos auf der Leinwand, die Belastungen und Herausforderungen der

---

[5] Die folgenden Absätze sind inspiriert von Ilija Trojanow, Der überflüssige Mensch, Wien 2013, 73 ff.

eigenen Existenz mit all ihrem Lauf im Hamsterrad und der kultivierten Verunsicherung durch die vorangehenden Generationen verblassen.

Wo die Renten nicht mehr sicher sind – für die jungen Generationen wohlgemerkt! Wo tagtäglich der Leistungsdruck aufrecht erhalten wird, weil Bildung an Schule und Universität verzweckt wird zur ökonomischen Gewinnoptimierung und Gewinnmaximierung einiger weniger, wo unterschwellig Erziehung unter dem Vorzeichen der Angst vor sozialem Abstieg geschieht, da sind die grotesken Überzeichnungen der Verunsicherung schon fast wieder tröstlich. Der Untergang ist nicht nur recht und billig, sondern zugleich auch Beruhigung.

Denn nach dem Untergang formiert sich unsere Menschlichkeit neu! Der Untergang, die Sintflut ist Bedingung für die neue Welt, für die neue Schöpfung.

Wir sitzen mitten drin in der Arche Noah – schweigend und kommen doch nicht zur Ruhe – finden nicht den orientierten Weg. Treiben und werden getrieben! Wie aber kommen wir da heraus?

„Da gedachte Gott an Noah und an alles Wild und an alles Vieh, das mit ihm im Kasten war. ... Die Wasser auf der Erde gingen allmählich immer weiter zurück. Nach 150 Tagen nahmen die

Wasser ab, und am 17. Tag des 7. Monats kam der Kasten auf dem Gebirge Ararat zur Ruhe!"

Noah schweigt – Gott aber gedenkt! Der Mensch mag in all dem Bösen und Turbulenten Gott vergessen. Wir mögen Gott immer wieder vergessen, weil wir uns immer zuerst selbst sehen. Der Mensch schweigt, der Mensch vergisst. Gott aber hat die Schweigenden nicht vergessen. Gott gedenkt an Noah. Noah, das sind wir.

Gott findet sich damit ab, dass es das Böse gibt, „Gott ist vom Fundamentalisten zum Realisten geworden!" (Rüdiger Safranski). Gott wandelt sich. Er gibt seine Macht der Zerstörung auf. Gott gedenkt. Gott wird gnädig. Er gedenkt und schickt einen Wind zur Beruhigung. Das ist die zweite Schöpfung. In der ersten hat Gott das Chaos gezähmt. Jetzt in der zweiten zähmt er das Böse. Die Treibenden, die Arche kommt zur Ruhe.

Doch diese zweite Schöpfung - die Schöpfung aus dem Erinnern Gottes heraus – dauert keine sieben Tage. Sie dauert fast ein halbes Jahr. Denn es braucht Zeit, bis der Mensch einen neuen Rhythmus wieder findet. Dieser Rhythmus ist wesentlich von der Suche nach Ruhe und Frieden bestimmt. Und der Mensch ist dazu angewiesen auf die Tiere. Allein kann der Mensch nicht aus der Arche heraus. Der braucht die Mitgeschöpfe.

Die Taube ist das Tier der Hoffnung. Sie ist das Tier, das den Ruheort sucht. Immer am Sabbat lässt Noah sie los. Am Anfang ohne Erfolg. Sie findet keinen Ruheplatz für ihre Füße. Dann aber, beim zweiten Versuch, bringt sie ein Zweig vom Ölbaum abgerissen mit. Dieser Zweig ist zweierlei: Er ist Symbol für die Fülle, für die Lebens- und Festfreude. Er ist das Symbol für den göttlichen Frieden.

Aber es ist ein abgerissener Zweig und als solcher zugleich auch Symbol, dass auch die erneuerte, Zukunft bergende Erde ein vielfältig bedrohter und gefährdeter Lebensraum ist. Für das Leben in diesem Lebensraum wird Gott im Fortgang der Geschichte Gebote erlassen und verlässliche Rahmenbedingungen schaffen. Er wird einen Bund mit Noah schließen und keine Sintflut mehr schicken. Und schließlich werden die Menschen und Tiere die Arche verlassen. Sie dürfen noch einmal neu anfangen.

Und wir? – Ich habe euch und Ihnen zugemutet, in der Arche diese Predigt auszuhalten. Das Böse und die Dunkelheit zu ertragen. Nicht gleich den Regenbogen zu betrachten und das gute Ende zu loben. Was haben wir davon?

Wenn wir das Dunkel und das Böse in uns und um nicht einfach negieren, wenn wir es nicht einfach verschweigen, dann werden wir vielleicht Mut fassen können aus dieser

Geschichte. Der schweigende Noah hielt in der Arche den Rhythmus zwischen Arbeit und Ruhe aufrecht. Das ist Einladung zum Notwendigen. Schenken wir uns Ruhezeiten. Jeder für sich, aber auch einander. Schenken wir einander Zeit zum Auftanken und Rasten. Schenken wir unseren Kindern Zeit. Schenken wir der Jugend Zeit. Nicht nur zum Hetzen und Jagen nach Chancen, nein, Zeit zur Besinnung.

Wir brauchen diese Zeiten. Unseren Konfirmandinnen und Konfirmanden wünsche ich diese Zeiten besonders. Denn wir mögen Gott in unseren vielfältigen Sintfluten kaum wahrnehmen. Umso wichtiger ist es, dass wir die Verheißungszusage immer wieder erinnern:

„Da gedachte Gott an Noah und an alles Wild und an alles Vieh, das mit ihm im Kasten war." Noah bist auch du. Gott gedenkt auch dich. Er wird dich nicht in den Fluten umkommen lassen und treiben lassen. Er wird dir Ruhepunkte schenken. Du musst sie nur ergreifen. Und noch etwas: Noah werden viele Nachkommen geschenkt – dir schenkt Gott Gemeinschaft unter Brüdern und Schwestern. Er lädt dich ein zum Bundesmahl – immer wieder. Gleich heute mit Brot und Wein – als Stärkung für deinen Weg.

Mensch Hiob

*Warum ist das Licht gegeben dem Mühseligen
und das Leben den betrübten Herzen?
Die des Todes warten und kommt nicht
und grüben ihn wohl aus dem Verborgenen;
die sich fast freuen und sind fröhlich,
dass sie das Grab bekommen.
Und dem Manne, des Weg verborgen ist,
und Gott vor ihm denselben bedecket?*

*Lasset uns unser Herz samt den Händen
aufheben zu Gott im Himmel!
Siehe, wir preisen selig, die erduldet haben.*

*Die Geduld Hiob habt ihr gehöret,
und das Ende des Herrn habt ihr gesehen,
denn der Herr ist barmherzig und ein Erbarmer.*

*Mit Fried und Freud ich fahr dahin
in Gottes Willen;
getrost ist mir mein Herz und Sinn,
sanft und stille.
Wie Gott mir verheißen hat:
Der Tod ist mir Schlaf worden.*

(Motette von Johannes Brahms)

Als wir in der vergangenen Woche ein großes WARUM auf die Plakate zu diesem Gottesdienst geschrieben haben, waren wir vielleicht noch der Meinung, das sei eine Frage, die keiner sonst stellt. Keiner außer Hiob, Brahms und uns.

Aber dann kam der Freitagabend, und mit Entsetzen hörten und sahen wir die Bilder aus Paris, einer verwundeten Stadt. (*Bei mehreren Terroranschlägen im November 2015 in Paris sind 130 Menschen getötet worden.*) Und da war die Frage auf einmal allgegenwärtig: Warum?

Quasi über Nacht hat Hiob zahlreiche Geschwister bekommen, Brüder und Schwestern, über die aus heiterem Himmel ein unfassbares Unglück hereinbricht. Unschuldige trifft es. Wahllos werden Menschen umgebracht. Was haben sie getan? Sie haben gewagt, ihr Leben zu genießen. An einem Freitagabend im November. Nun sind sie nicht mehr. Ausgelöscht durch einen mörderischen Anschlag, der gar nicht den Personen galt, die er vernichtet hat, sondern all dem, was auch uns lieb und teuer ist.

Was können wir tun im 500 Kilometer entfernten Heidelberg außer unsere Betroffenheit, unsere Solidarität und unser Mitgefühl zum Ausdruck zu bringen, wie es nun allerorten geschieht? „Je suis Charlie. Je suis Hiob." Wir sind in eurem Leid an eurer Seite. Und wir feiern Gottesdienst. Wir haben uns versammelt im Namen unseres Gottes. Und indem wir das tun, geben wir der Frage, die als tausendfacher Schrei in der Welt ist, eine Richtung. Wir richten sie an den, dem wir auch sonst unser Lob und unsere Klage entgegen schleudern. Wir richten sie an den, dem wir auch sonst die Lebenden und die Toten anvertrauen. Aus der Tiefe rufen wir. Und heben unser Herz und unsere Hände auf zu Gott im Himmel. Warum, Gott, warum?

„Gott, so hört man oft, so verkünden Eiferer lauthals, sei Antwort.
Spröder sagt die Bibel, dass er Wort sei.
Und wer weiß, vielleicht ist er meistens nur Frage,
die Frage, die keiner sonst stellt."

(Kurt Marti)

Gott selbst, der doch im Wort wohnt, in schönen, bergenden Wörtern, unsere Zuflucht, unser Schirm und Schild, der Hort, auf den wir trauen, der Fels und die feste Burg, ist fraglich geworden, wird wach und am Leben gehalten nur noch von einer Frage: Warum?

Hiobs Frage. Hiobs Klage. An keinem Tag seit biblischen Zeiten ist sie jemals verstummt. Hiob verflucht den Tag seiner Geburt: „Mich ekelt mein Leben an." Er wünscht sich, dass er besser nie auf die Welt gekommen wäre, weil das Leben, das er zu tragen hat, unerträglich geworden ist.

Auch darin hat er viele Geschwister. Schwestern und Brüder, die sich fragen, warum sie am Leben sind, in einem Leben gehalten werden, das den Namen Leben nicht verdient. Sie fragen sich, warum der Tod sie übrig gelassen hat, während neben ihnen auf der Flucht Menschen ertrunken sind. Sie fragen sich, warum sie leben müssen mit Schmerzen und ohne Aussicht auf Genesung. Sie fragen sich, warum ein Schlaganfall ihr Kind und nicht sie selbst getroffen hat. Wie sollen sie leben mit ihrer Schuld? Sie fragen sich, warum ein Mensch geht, den sie lieben und warum diese Liebe ihn nicht halten kann. Sie fragen sich, warum der liebe Gott sich nicht auch mal jemand anderen aussuchen könnte. Manche sehnen sich nach dem Tod und seiner sanften Dunkelheit. Aber er kommt einfach nicht. Jedenfalls nicht zu ihnen. Warum ist das Licht gegeben den Mühseligen? Es schmerzt unbarmherzig in den Augen und in der Seele.

Hiob hat Freunde. Gott sei Dank. Sie bleiben nicht weg, als es ihm immer schlechter geht und er schließlich nichts mehr von alledem hat, woran ihre Freundschaft sich früher festgemacht hat. Kein Geld, keine Pferde, keine intakte Familie, kein Prestige, keinen Vorteil für das eigene Image. Die Freunde sind klug und sie sind an seiner Seite. Sie reden mit ihm. Ja, in der Not werden sie zu wahren Therapeuten seiner Seele. Sie analysieren seine Situation, sie wollen dem Übel auf den Grund gehen, um es zu wenden. Sie suchen nach Gründen, nach Zusammenhängen, nach einem Schuldigen. Sie suchen nach Antworten. Sie ereifern sich. „Gott, so hört man oft, so verkünden Eiferer lauthals, sei Antwort."

Hiob gibt sich mit ihren Antwortversuchen nicht zufrieden. Sie genügen ihm nicht. Sie befriedigen ihn nicht. Hiob hält sich an seine Frage, er hält sich an dieser Frage fest, und sein Warum ist der dünne und zum Zerreißen angespannte Faden, der ihn auch an seinem Gott festhält. „Wer weiß, vielleicht ist er manchmal nur Frage, die Frage, die keiner sonst stellt."

Warum manche Menschen auch in den schwierigsten Zeiten so ein Gottvertrauen haben und es anderen durch das, was ihnen im Leben zugemutet wird, für immer zerstört wird?

Ich weiß es nicht. Auch das bleibt schließlich eine Frage.
Warum sage ich immer noch nach so langen Nächten:
Es wird wieder hell!?
So viele haben die Fahne auf halbmast gesetzt.
Warum hoffe ich immer noch, wo viele zerbrechen?
Warum liebe ich immer noch, wo viele hassen?
Warum verstehe ich immer noch, wo viele richten?
Warum vergebe ich immer noch, wo viele sich rächen?

Warum bete ich immer noch,
wo viele zu Zynikern geworden sind?
Warum verkündige ich immer noch
nach so vielen Todeserklärungen:
Jesus lebt!?

Warum sind Sie hier? Warum sind Sie heute Morgen zu diesem Gottesdienst gekommen? Vielleicht neben allem, was Sie jetzt für sich anführen würden, auch darum, um stellvertretend für die zu glauben, die nicht und nichts mehr glauben können.

In seelsorglichen Begegnungen mache ich diese Erfahrung, dass Menschen sich anlehnen an meinen Glauben. Sie sagen es vielleicht nicht ausdrücklich, aber ich spüre dieses Signal: „Ich kann jetzt nicht glauben, aber glaub du für mich. Ich kann jetzt nicht beten, bet du für mich." Und auch wenn ich dann denke, wenn du wüsstest, was für ein schwaches Pflänzchen mein eigener Glaube heute ist, so mache ich doch immer wieder die Erfahrung, dass es geht. Mit unserem Glauben und mit unseren Zweifeln können wir uns anlehnen an den Glauben anderer. An die Geduld Hiobs. An das Gottvertrauen einer Großmutter.

Am Donnerstagabend zum Beispiel haben wir in unserer Runde von Frauen, in der wir gerade gemeinsam über Leben und Sterben nachdenken, darüber gesprochen, was unser Leben ausmacht. Und da fand sich in einem der Lebenskoffer, die wir zu diesem Zweck gepackt hatten, dieser Konfirmationsspruch: „Dennoch bleibe ich stets an dir, denn du hältst mich bei meiner rechten Hand. Du leitest mich nach deinem Rat und nimmst mich am Ende mit Ehren an. Wenn ich nur dich habe, so frage ich nichts nach Himmel und Erde. Wenn mir gleich Leib und Seele verschmachtet, so bist du doch, Gott, allezeit meines Herzens Trost und mein Teil." Nur ein Wort, ein Lese- und ein Lebewort, wie Luther sagen würde, eins zwischen Frage und Antwort, eins, in dem Gott mit seiner Gegenwart wohnt.

Ich kann es nicht machen, dass dieses Wort von einer schönen Formulierung zu einem Lebewort wird. Ich kann es nicht machen, dass es den Sarkasmus verliert, der manchen vielleicht daraus spricht. Ich kann es nur nehmen als eines von vielen und in den Raum stellen als Einladung, darin zu wohnen und mit all unseren Fragen für eine Weile darin einzuziehen. Vielleicht dass es trägt. Dich und mich. Und alle, die in höchsten Nöten sind.

und nur

der liebe gesetz

gilt von hier

bis zum himmel

viel hat von **morgen** an

erfahren der mensch

bald aber

sind wir gesang

Was bleibt?

Himmel und Erde werden vergehen; meine Worte aber werden nicht vergehen. **Von** *jenem Tage aber oder der Stunde weiß niemand, auch die Engel im Himmel nicht, auch der Sohn nicht, sondern allein der Vater. Seht euch vor, wachet! Denn ihr wisst nicht, wann die Zeit da ist. Es ist wie bei einem Menschen, der über Land zog und verließ sein Haus und gab seinen Knechten Vollmacht, einem jeden seine Arbeit, und gebot dem Türhüter, er sollte wachen: So wacht nun; denn ihr wisst nicht, wann der Herr des Hauses kommt, ob am Abend oder zu Mitternacht oder um den Hahnenschrei oder am Morgen, damit er euch nicht schlafend finde, wenn er plötzlich kommt. Was ich aber euch sage, das sage ich allen: Wachet!*

(Markus 13,31–37)

Was bleibt, wenn alles vergeht? „Himmel und Erde werden vergehen, meine Worte aber nicht", sagt Jesus. Was bleibt? Ausgerechnet Worte? Gibt es überhaupt etwas Flüchtigeres als Worte? Sind Worte nicht Schall und Rauch? Den schönen Wörtern trauert Günter Grass in einem Gedicht hinterher:

„Die schönen Wörter.
Nie mehr soll Labsal gesagt werden.
Keine Zunge rührt sich, mit Schwermut zu sprechen.

Nie wieder Stimmen, die uns Glückseligkeit künden.
Soviel Kümmernis sprachlos.
Abschied von Wörtern, die vom Mann im Land Uz sagen,
er sei nacket von seiner Mutter Leibe kommen.

Könnten wir fernerhin Biermolke oder Mehlschütte, Honigseim,
Krug sagen.
So barmen wir der Amme nach.
Wer weiß, dass der Specht einst Bienenwolf hieß?
Wer hieße gerne Nepomuk, Balthasar, Hinz oder Kunz?
Abschied nehmen Wörter, die um die Morgengabe, ums Vesperbrot,
Abendmahl baten.

Wer wird uns Lebewohl nachrufen?
Wer flüstern, das Bett ist gemacht?
Nichts wird uns beiliegen, beschatten, beiwohnen
Und uns erkennen, wie der Engel der Jungfrau verheißen hat.

Zum Abschied mit Taubheit geschlagen, gehen die Wörter uns aus."

Was bleibt, wenn uns auch die Wörter ausgehen?

„Himmel und Erde werden vergehen, meine Worte aber nicht", sagt Jesus. Ist da ein Unterschied zwischen Wörtern und Worten? Wir sollen die Bibel beim Wort, aber um Gottes willen nicht wörtlich nehmen. Gott hat uns sein Wort gegeben, nicht seine Wörter.

„Gott hat das erste Wort. Es schuf aus Nichts die Welten
und wird allmächtig gelten und gehen von Ort zu Ort.

Gott hat das erste Wort. Eh wir zum Leben kamen,
rief er uns schon mit Namen und ruft uns fort und fort.

Gott hat das letzte Wort, das Wort in dem Gerichte
Am Ziel der Weltgeschichte, dann an der Zeiten Bord.

Gott hat das letzte Wort. Er wird es neu uns sagen
Dereinst nach diesen Tagen im ew'gen Lichte dort.

Gott steht am Anbeginn und er wird alles enden.
In seinen starken Händen liegt Ursprung, Ziel und Sinn."

(Markus Jenny, EG 199)

Was bleibt, wenn ein Mensch gestorben ist?

Jeden Morgen streckt eine ihre Hand hinüber zur Betthälfte neben sich. Aber die ist leer. Jeden Mittag trägt einer den zweiten Teller zum Tisch. Bis ihm einfällt: Den braucht niemand mehr. Jeden Abend will eine erzählen vom Tag. Sie redet mit dem leeren Sessel an der Wand und fragt sich gelegentlich, ob andere das auch tun. Sie lauscht in die Sprechpausen hinein. Sie weiß, dass keine Antwort kommen wird. Kein Laut. Kein Atem. Vor dem Fenster fallen die Blätter. Draußen auf dem Friedhof senkt sich das Grab. Die Wohnung ist ausgeräumt. Die

Hemden und der gute Anzug sind verschenkt. Die Konten aufgelöst. Und alles geht. Alles vergeht. Nur ein Schmerz bleibt. Und eine Gewohnheit. Und ein Schmerz, der Gewohnheit wird. Und ein Weinen morgens unter der Dusche. Ganz plötzlich. Ohne Grund.

Eine von denen, die wir in diesem Jahr beerdigt haben, saß jeden Sonntag hier in der Kirche, auch im Winter, wenn sie fror. Eine andere hatte eine Seele von einer Nachbarin, die sie wärmte. Viele haben den Krieg erlebt. Alle hatten jemand, der sie liebte. Einer war am glücklichsten, wenn er draußen war. Und eine erlebte noch einmal den Herzensfrühling mit ihrem Enkelkind. Alle hatten jemand, den sie liebten. Manche starben trotz ihres hohen Alters zu früh. Andere haben lange auf den Tod gewartet. Und alle kannten die Momente, in denen die Zeit gerinnt. Möcht ich zum Augenblicke sagen: Verweile doch, du bist so schön. Augenblicke, wenn die Zeit da ist, und nicht einfach vergeht. Wenn die Türen der Welt geöffnet sind und alles seine Richtigkeit hat. Wenn die Katze schnurrt und die Braut lacht. Wenn das Kind einen Hopser macht und das Radio einen Walzer spielt. Geschenkte Zeit, Augenblicke aus Gottes Ewigkeit.

Dietrich Bonhoeffer schreibt 1943 aus dem Gefängnis in Berlin-Tegel:

„Es gibt nichts, was uns die Abwesenheit eines lieben Menschen ersetzen kann und man soll das auch gar nicht versuchen. Man muss es einfach aushalten und durchhalten. Das klingt zunächst sehr hart, aber es ist doch zugleich ein großer Trost; denn indem die Lücke wirklich unausgefüllt bleibt, bleibt man durch sie miteinander verbunden. Es ist verkehrt, wenn man sagt: Gott füllt die Lücke aus. Er füllt sie gar nicht aus, sondern er hält sie vielmehr gerade unausgefüllt, und hilft uns dadurch, unsere echte Gemeinschaft miteinander, wenn auch unter Schmerzen zu bewahren. Ferner: Je schöner und voller die Erinnerungen, desto schwerer die Trennung. Aber die Dankbarkeit verwandelt die Qual der Erinnerung in eine stille Freude. Man trägt das vergangene Schöne nicht wie einen Stachel, sondern wie ein kostbares Geschenk in sich."

Was bleibt uns, die wir leben?

Jesus sagt: „Seht euch vor, wachet, denn ihr wisst nicht, wann die Zeit da ist."

Als Studentin hing über meinem Schreibtisch der Rat eines Tutors aus Oxford, der seinen Studenten ins Stammbuch geschrieben hatte: „Studiere, als würdest du ewig leben. Lebe, als würdest du morgen sterben." Ein kluger Rat. Ein schwieriger Rat. Er weiß darum, dass Lebenskunst immer auch Sterbekunst ist. Und Sterbekunst immer auch Lebenskunst.

Auch der Psalmbeter bittet: „Lehre uns bedenken, dass wir sterben müssen, auf dass wir klug werden." Auf dass wir das Wichtige vom Unwichtigen zu unterscheiden lernen. Auf dass wir studieren, als würden wir ewig leben. Und leben, als würden wir morgen sterben.

In dem Film „Mein Leben ohne mich" erfährt die 23jährige Ann, Mutter zweier Kinder, dass sie nur noch drei Monate zu leben hat. Sie erzählt niemand davon. Nicht ihrer Mutter. Nicht ihrem Mann. Stattdessen macht sie eine Liste. Anns Liste. Eine Liste mit zehn Dingen, die sie noch tun oder erleben will:

Falsche Fingernägel machen lassen.
Eine neue Frisur.
Tanzen.
Jemand in sie verliebt machen.
Ihren Vater im Gefängnis besuchen.

Diese Liste arbeitet sie ab. Punkt für Punkt. Für ihre Kinder bespricht sie Kassetten – für jeden Geburtstag, an dem sie nicht mehr da sein wird, eine. Bis die Mädchen 18 sind. Für ihren Mann sucht sie eine neue Frau.

Was stünde auf meiner Liste? Was auf deiner?

„Seht euch vor, wachet! Denn ihr wisst nicht, wann die Zeit da ist. Wie bei einem Menschen, der über Land zog und verließ sein Haus und gab seinen Knechten Vollmacht, einem jeden seine Arbeit, und gebot dem Türhüter, er solle wachen: So wacht nun, denn ihr wisst nicht, wann der Herr des Hauses kommt, ob am Abend oder zu Mitternacht oder um den Hahnenschrei oder am Morgen, damit er euch nicht schlafend finde, wenn er plötzlich kommt. Was ich euch aber sage, das sage ich allen: Wachet!"

Verschlaft nicht euer Leben! Seid achtsam und seid wach! Bleibt an der Tür, wie der Türhüter im Gleichnis, und wenn es so weit ist, wann die Zeit da ist, dann macht die Tore weit und die Türen in der Welt hoch, dass der König der Ehre einziehe. Wer ist der König der Ehre?

Es ist der mit den Worten, der mit den Worten, die bleiben. Denn Himmel und Erde werden vergehen, aber seine Worte nicht.

Klug werden

Dann wird das Himmelreich gleichen zehn Jungfrauen, die ihre Lampen nahmen und gingen hinaus, dem Bräutigam entgegen. Aber fünf von ihnen waren töricht und fünf waren klug. Die törichten nahmen ihre Lampen, aber sie nahmen kein Öl mit. Die klugen aber nahmen Öl mit in ihren Gefäßen, samt ihren Lampen. Als nun der Bräutigam lange ausblieb, wurden sie alle schläfrig und schliefen ein. Um Mitternacht aber erhob sich lautes Rufen: Siehe, der Bräutigam kommt! Geht hinaus, ihm entgegen! Da standen diese Jungfrauen alle auf und machten ihre Lampen fertig. Die törichten aber sprachen zu den klugen: Gebt uns von eurem Öl, denn unsre Lampen verlöschen. Da antworteten die klugen und sprachen: Nein, sonst würde es für uns und euch nicht genug sein; geht aber zu den Händlern und kauft für euch selbst. Und als sie hingingen zu kaufen, kam der Bräutigam; und die bereit waren, gingen mit ihm hinein zur Hochzeit, und die Tür wurde verschlossen. Später kamen auch die andern Jungfrauen und sprachen: Herr, Herr, tu uns auf! Er antwortete aber und sprach: Wahrlich, ich sage euch: Ich kenne euch nicht. Darum wachet! Denn ihr wisst weder Tag noch Stunde.

(Matthäus 25,1-13)

Die Tür bleibt zu! Die 10 Jungfrauen sind getrennt. Fünf diesseits und fünf jenseits. Es ist aus. Keine Chance. Die fünf törichten Jungfrauen kamen zu spät. Sie haben die letzte Gelegenheit verpasst. Die Tür bleibt zu! Und es gibt kein Nochmal.

Die Tür bleibt zu! Wie gern hätte er noch einen letzten Blick auf den Vater geworfen. Wie gern hätte sie noch ein letztes Wort gesprochen. Nochmal die Hand gehalten und die Wärme des Lebens und der Liebe gespürt. Doch als sie ins Sterbezimmer kamen, war der Vater entschlafen. Die Tür bleibt zu! Die letzte Gelegenheit ist vorbei. Und es gibt kein Nochmal.

Die Tür bleibt zu! Das Gleichnis von den klugen und den törichten Jungfrauen ist radikal anders, als wir es vielleicht erwarten. Beim ersten Lesen und Hören ärgert es mich, dass der Bräutigam so unnachgiebig ist. Mich ärgert es, dass er die Zuspätgekommenen nicht aufnimmt. Er, der doch selber gekommen ist, wie es ihm gefiel. Welch' Eitelkeit bricht sich hier Bahn und welche Macht spielt hier.

Die Tür bleibt zu! Das ist der Schlusspunkt dieses Gleichnisses, das vom Himmelreich erzählt. Es wirkt zunächst wenig tröstlich: der radikale Ausschluss aus dem Festsaal, dieses letzte Wort des Bräutigams: Ich kenne euch nicht.

Ist es das, was wir an einem Tag wie diesem als Gute Nachricht brauchen? Eine Geschichte über die verpasste Gelegenheit, eine Gegenüberstellung von klug und dumm, von drinnen und draußen, dabei und ausgeschlossen?

Wohl kaum. Dazu haben wir uns nicht aufgemacht, wenn wir an unsere verstorbenen Brüder und Schwestern denken wollen. Und dennoch ist mir dieses Gleichnis irgendwie sympathisch. Vielleicht, gerade deshalb, weil ich mich mit ihm so schwer tue. Was empfinden die dummen Jungfrauen? Sie stehen vor der Tür. Sie haben sich auf das Fest gefreut. Und nun werden sie nicht mehr gekannt. Die Beziehung des Bräutigams zu ihnen ist unterbrochen. Wie ohnmächtig kommen sich die fünf Frauen wohl vor.

Diese Ohnmacht des nicht Verstehens ist etwas anderes als die moralische Rede von Dummheit. Es ist die Ohnmacht des traurigen Fragens: Was fehlt uns jetzt – ohne das Fest? Was haben wir im Leben versäumt? Wo haben wir gefehlt?

Es ist die Ohnmacht jener Trauernden am Grab, die um die Tochter weinen und nicht wissen, warum der Tod so plötzlich gekommen ist.

Es ist die Ohnmacht der Witwe, die den Tod des Mannes erwartete, der dann aber doch plötzlich kam.

Es ist die Ohnmacht der Tochter, die um den Vater weint, der viel zu früh gegangen ist.

Trauer ist auch die Situation des nicht Verstehens, des nicht Begreifens, des nicht Wahrhabenwollens. An den

Gräbern stehen wir wie die Jungfrauen vor der Tür. Und die Tür bleibt zu!

Die Tür bleibt zu – und die Jungfrauen gehen nicht zum Fest ein, aber sie bleiben im Leben, sie werden zurückgeschickt in den Alltag des Lebens. Das ist ihre Chance und ihr Anfang.

Vor der verschlossenen Tür werden sie auf ihr Leben zurückverwiesen. So wie auch der Tod das Leben erinnert. Das wenigstens haben der Tod und der Bräutigam gemein: Sie lassen nicht über sich verfügen und sie verweisen die vor der Tür stehenden auf ihr Leben zurück.

Klüger leben

Viele von uns haben in diesem Jahr Abschied genommen von einem geliebten Menschen. Neben der Ohnmacht und der Klage, neben der Zeit des Weinens und Erzählens, ist ihre Trauer doch auch der Versuch, die Tür zum Leben neu zu öffnen, ja neu und in gewisser Weise klüger zu leben. Darum aber erzählt Jesus sein Gleichnis. Es geht ums Klugwerden und ums Klügerleben. Die Trennung von den Toten mag das nicht aufheben, aber das Leben macht es reicher und weiser.

Was aber ist das Kluge der anderen fünf Jungfrauen?

Zunächst: *Sie sind ganz offensichtlich wachsam. Und dann: Sie können gelassen schlafen.* Das mag absurd klingen: Wachsam sein und schlafen können zugleich. Wie viele Menschen liegen in unserer Gesellschaft nachts wach, weil sie dieses oder jenes quält, weil sie sich sorgen um die Dinge des Lebens, weil sie nachdenken über den Sinn, über das, was sie vergessen haben, am Tag zu erledigen. Dass immer noch etwas unerledigt ist, raubt vielen den Schlaf. Dass immer noch etwas aussteht, noch etwas zu tun ist, nie alles bereit ist, man nie fertig ist, beunruhigt. Es ist schön, bereit zu sein, und doch – irgendetwas fehlt doch immer. Die Nacht wird durchwacht und wenn es soweit ist, fehlt das Öl.

Die klugen Jungfrauen aber sind wachsam für das Reich Gottes und können ruhig schlafen. Sie haben das Öl nicht vergessen Sie sind bereit und ausgerüstet für das Reich Gottes und haben darum im richtigen Moment Licht und Feuer.

Was aber auffällt: Ihre Wachsamkeit ist keine, die den Schlaf auslässt. Ja, die klugen Jungfrauen verschlafen sogar den Zeitpunkt, da der Bräutigam kommt. Sie müssen zwar geweckt werden. Im Unterschied aber zu den törichten Jungfrauen sind sie dann aber gleich bereit. Die klugen Jungfrauen haben eine gewisse Gelassenheit im Leben, sie können ruhig schlafen, weil sie nichts mehr erledigen müssen – sie haben ihren Vorrat für den Augenblick des Kommenden.

Den richtigen Öl-Vorrat sammeln

Klug leben heißt darum den richtigen Vorrat beisammen haben für den Augenblick, da die Ewigkeit in die Zeit fällt. Klug werden heißt geistgegenwärtig sein.

Dieser Vorrat ist nichts Materielles. Geld, Reichtum, ein Dach über den Kopf sind schön, sie sind nützlich, aber für den Augenblick des Kommenden, für das Reich Gottes sind sie nicht entscheidend. Wer sein Leben auf diese materiellen Güter ausrichtet, der wird sein wie die törichten Jungfrauen und im entscheidenden Moment das Öl vergessen haben.

Das Entscheidende ist das Öl für die Lampen. Darin gilt es zu investieren, gerade in Zeiten wie diesen. Das Öl, das wir brauchen, damit das Leben nicht im Dunkel bleibt, damit um uns das Himmelreich leuchten kann, damit wir den Frieden finden und nicht vor der Tür bleiben. Dieses Öl ist der Glaube und das Vertrauen, ist die Geistesgegenwart und die Hoffnung, dass der Herr kommt, dass das Reich Gottes anbricht mitten unter uns.

Gerade in Zeiten wie diesen brauchen wir diese Hoffnung. Gerade in Zeiten wie diesen, in denen uns der Tod so nah ist, und das Bewusstsein geschärft ist, dass mitten im Leben plötzlich alles vorbei sein kann, gilt es im Leben den Glaubensvorrat und den Hoffnungsvorrat beisammen zu haben. Vielen erscheint dieser Vorrat im Leben überflüssig, wenn alles gut ist, wenn genug zum Leben da ist und wir nicht mit dem Kommenden rechnen, den Tod verdrängen und die Zeit der Ewigkeit zum Verwechseln ähnlich ist.

An der verschlossenen Tür wird den törichten Jungfrauen bewusst, sie haben zu wenig investiert in ihren Glauben.

Die Tür bleibt zu – aber sie bleiben im Leben, sie werden zurückgeschickt in den Alltag des Lebens. Das ist ihre Chance und ihr Anfang.

Wenn es stimmt, dass der Tod das Leben bewusst macht und es erinnert, dann erinnert er zu allererst die Gnade und Gottes Ja zum Leben. Dieses Ja Gottes ist es doch, worauf wir vertrauen, und dass nicht aufhört am Ende aller Tage. Halten wir diesen Glauben an das Ja Gottes zum Leben wach, nicht nur zum Leben allgemein, sondern zu deinem Leben.

Dieses Ja ist ein Wort der Hoffnung, aus dem Frieden wachsen kann, weil es die Dinge der Welt in den Schatten stellt. Wir leben nicht aus den Gütern der Wirtschaft, wir leben nicht aus dem Reichtum, wir leben nicht aus dem, was wir tun und schaffen, wir leben aus der Liebe Gottes und wir leben in der Gemeinschaft derer, die aus der Liebe Gottes leben. Vielleicht ist dieser Gedanke naiv und vielleicht ist er reiner Glaubensluxus, aber für mich ist er der Halt und die Kraft und das Vertrauen, dass ich nicht tiefer fallen kann, als in diese Liebe und dass aus dieser Liebe der Frieden wachsen kann.

Darum lasst uns den Öl-Vorrat des Glaubens auffüllen und einander von der Liebe erzählen. Damit wir klug werden und bereit sind für den, der uns entgegenkommt und mit einem neuen Himmel und einer neuen Erde, und der alles neu macht.

Und die Tür? – Die Tür wird weit gemacht und die Tore hoch, wenn der Herr zu den Menschen kommt.

und nur

der liebe gesetz

gilt von hier

bis zum himmel

viel hat von morgen an

erfahren der mensch

bald aber

sind wir **gesang**

Nun ruhen alle Wälder

(EG 477 von Paul Gerhardt)

Paul Gerhardt wird uns empfangen. Ja genau, der große Paul Gerhardt. Am Rande eines Dichtertreffens, das 1647 in dem weiter nicht erwähnenswerten Ort Telgte in Westfalen stattfindet und zu dem sich alle namhaften Barockdichter seiner Zeit versammelt haben, hat er sich einen Abendtermin für uns frei gemacht.

Zwar sei er, wie seine Pressesprecherin mitteilen ließ, nach einem halben Jahr Ausnahmezustand bereits ein wenig jubiläumsmüde, doch wolle er für die Reisegruppe aus Handschuhsheim noch einmal eine Ausnahme machen und ihr gern Rede und Antwort stehen, zumal das Ende der Dauerfeierlichkeiten ja nun in greifbare Nähe gerückt sei. Er wisse sehr wohl, wie wichtig der Kontakt zu den Nutzern seiner Texte sei, stand weiter unten auch noch zu lesen, doch werde ich den Verdacht nicht los, dass diese Bemerkung nicht aus seiner Feder, sondern aus den Marketingstrategien der Pressesprecherin stammt.

Bis Münster können wir in eigens für diesen Zweck bereit gestellten Postkutschen reisen, ein Abenteuer, das bereits nach wenigen Kilometern viel von seiner verheißenen

Romantik einbüßt. Was für ein beschwerliches Reisen! Als Predigtreisende kommen wir aber unbehelligt in der Stadt an, von deren Ausnahmezustand in diesen frühen Abendstunden nur wenig zu spüren ist. Hier brüten nach dreißigjährigem Krieg zur Stunde die führenden Köpfe des Reiches über einem westfälischen Frieden, der im kommenden Jahr 1648 spruchreif werden soll. Konfrontiert mit der unmittelbaren Nähe zu diesem historischen Ereignis blieben einige aus der Reisegruppe nun lieber hier, um live mitzuerleben, wie Weltgeschichte gemacht wird, aber die Reiseleitung kennt die Versuchung und hat für diesen Fall Flugblätter vorbereitet, die das Dichtertreffen in Telgte wortreich bewerben. Darauf steht zu lesen: „Wo alles wüst liegt, glänzen einzig die Wörter. Und wo sich die Fürsten erniedrigt haben, fällt den Dichtern Ansehen zu. Ihnen, und nicht den Mächtigen, ist Unsterblichkeit sicher."

Das müssen nun auch die Zweifler einsehen, denn sie kommen aus einer Friedensgemeinde, in der tatsächlich so ein Dichterwort auf den Altarstufen steht.

Das größere Problem besteht nun freilich darin, dass es zu Fuß weitergeht. Es ist dunkel, was heißt dunkel, es ist finster, und es wird zunehmend stockfinster, so dass man die Hand nicht vor Augen sieht. Ich muss an das Wort

„Lichtverschmutzung" denken, das den Menschen des 21. Jahrhunderts einfiel, als sie diese Dunkelheit aus ihrer Welt verbannt hatten. Da dauert jede Nacht höchstens bis zum nächsten Lichtschalter. Und es wird Licht. Hier nicht. Wenn wenigstens der Mond aufginge oder die goldnen Sternlein prangten. Doch sie tun uns den Gefallen nicht. Den Mond werde ich den ganzen Abend lang vermissen. Auch die Redseligen verstummen nach kurzer Zeit, und zur Dunkelheit gesellt sich die Ruhe, was sag ich Ruhe, eine Stille umgibt uns, wie ich sie noch nie gehört habe. Ja, wundern Sie sich nicht, in seltenen Augenblicken kann man die Stille hören. Eine Stille ohne Lärmverschmutzung. Allein für diese Erfahrung lohnte sich schon die lange Reise. Der Weg führt am Saum eines Waldes entlang, aus dem eine angenehme Kühle dringt, es riecht nach Kiefernholz und welkem Laub, aber kein Laut ist zu hören, Vieh, Menschen, Städt und Felder scheinen fern. Im Gehen durch die Dunkelheit, an die das Auge sich langsam gewöhnt, wächst die ungewohnte Stille langsam nach innen und breitet sich dort aus.

Nun ruhen alle Wälder,
Vieh, Menschen, Städt und Felder,
es schläft die ganze Welt.
Ihr aber, meine Sinnen,
auf, auf, ihr sollt beginnen,

was eurem Schöpfer wohl gefällt.

Wo bist du, Sonne, blieben?
Die Nacht hat dich vertrieben,
die Nacht, des Tages Feind.
Fahr hin, ein andre Sonne,
mein Jesus, meine Wonne,
gar hell in meinem Herzen scheint.

Der Tag ist nun vergangen,
die güldnen Sternlein prangen
am blauen Himmelssaal,
also werd ich auch stehen,
wenn mich wird heißen gehen
mein Gott aus diesem Jammertal.

Noch während ich über das Wort Jammertal nachgrüble und ob es eigentlich eine zutreffende Beschreibung der Welt liefert, sind wir plötzlich da. Paul Gerhardt begrüßt uns in einer geräumigen Stube des Dorfgasthofs „Zum Roten Ochsen". Eine gewisse Ähnlichkeit mit den Bildern, die später von ihm gemalt wurden, lässt sich nicht leugnen, auch wenn er heute keinen Talar und das Haar etwas lockiger trägt. Jetzt packen sie die Gelegenheit beim Schopf. Was wollten sie den echten Paul Gerhardt schon immer einmal fragen?

Eine fasst sich ein Herz und sagt: „Alles Ding hat seine Zeit, viel Wasser fließt dahin, doch diese Lieder, warum sind sie nicht abgesunken, die leisen, purer Atem, andere so, als würde die Posaune sie begleiten, die packt Gott an der Kehle"? Darauf weiß der Poet von Gottes Gnaden keine Antwort. Aber eine Anekdote kann er zum Besten geben: Vor wenigen Tagen erst hat er nebenan seine neueste Dichtung vorgestellt, ein Abendlied mit neun Strophen. „Sie müssen wissen", fährt er mit einem Lächeln, aber nicht ohne Stolz in der Stimme fort, „ich bin hier ein Außenseiter unter den barocken Kollegen und oft genug ein gefundenes Fressen für ihren Spott, aber dieses Lied hat sogar die Saufbrüder und ewigen Lästermäuler mitgerissen. Kennen Sie es?" fragt er bescheiden. Aber ja, und gerade noch auf der Herfahrt haben wir die ersten drei Strophen gesungen. Da muss Paul Gerhardt schallend lachen. Das sei recht typisch für Reisegruppen aus unserer Zeit, die kennten immer nur die ersten drei Strophen. Aber ob die wenigstens gefielen?

Jetzt haben die Eiferer das Wort, nicht wenige fühlen sich bemüßigt, es ausgiebig zu loben. Die dunklen Vokale am Anfang, zwei Mal u: Nun ruhen, so dunkelt auch die Sprache, wenn der Abend kommt, im Unterschied zu den wachen A-Lauten der Morgenlieder, wach auf, mein Herz, das sei feine Kunst.

Ein stadtbekannter Kritikaster kennt nun auch kein Halten mehr: „Mehr als fünf Gottesbeweise ist dieses Lied schwer, und es erfüllt mich immer noch mit einer Andacht, für die ich heute keinen Inhalt mehr habe. Es ist ein Lied, das mit der Stimme meiner Mutter gesungen, auch starke Kinderängste gebannt oder gemildert hat. Es hat das Gefühl vermittelt, die Eltern verwalteten einen Teil deiner tröstlichen Macht und seien fähig, sie uns mitzuteilen. In diesen Liedern lag ein Stück verdichteter Harmonie, Stimmungen am Übergang von Wirklichkeit und Verweisung auf unwirklich Wunderbares. Wenn der Vater gar mitbrummte und ebenfalls im Einklang mit dir schien, war die Welt in eine feierliche Schönheit getaucht. Uns alle schien dann ein ungeheuer kostbares Band zusammenzuhalten, das im Alltag verschwand und dann plötzlich wieder zu leuchten begann."

Eine Schriftstellerin aus Berlin, die auch mit von der Partie ist, findet in den Zeilen „ihr aber, meine Sinnen, auf, auf, ihr sollt beginnen, was eurem Schöpfer wohl gefällt" das eigene Schaffen treffend charakterisiert: „Der Abend ist die Zeit der Ideen. In der Einsamkeit keimen die Dinge und entfalten sich, treiben sonderbare Blüten, wuchern und wachsen ins Blaue, und träumen und spinnen sich fort in der Nacht. Mit dem klaren Licht des Morgens kommt dann nicht selten die Ernüchterung. Ob die

Nachtgespinste dem Tag standhalten können? Dann muss richtig gearbeitet werden."

„Was ist mit dem Mond?" wage ich schließlich zu fragen. „Warum kommt er nicht vor in Ihrem Abendlied?" Den Hinweis auf das berühmte Gedicht seines späteren Kollegen Matthias Claudius, der dem Mond in seinem Lied das erste Wort überlässt, verkneife ich mir. Die Frage scheint Paul Gerhardt nicht so sehr zu überraschen wie ich befürchtet habe. „Der Mond", sagt er schlicht, „hat nur kaltes Licht und keine eigene Leuchtkraft, und kann so nicht zum Gleichnis werden. Deshalb besinge ich in meinem Abendlied die Sonne. „Gott der Herr ist Sonne und Schild", sagt der 84. Psalm. Der Mond ist nur ein Geschöpf, das Gott an den Himmel gesetzt hat. Die Sonne aber ist ein Bild für Christus, und jeder Sonnenaufgang führt der Welt den auferstehenden Christus vor Augen, der den Tod überwunden und der Nacht ihre Schrecken genommen hat: Fahr hin ein andre Sonne, mein Jesus, meine Wonne, gar hell in meinem Herzen scheint." „Lass fahren dahin!" Da spricht der Lutheraner Paul Gerhardt. Und ich beneide ihn ein bisschen um die Selbstverständlichkeit, mit der ihm diese Sätze über die Lippen kommen. Ja, so ist es. Und ist doch oft schwer zu sagen und zu glauben. Das Gleichnishafte seines Liedes werde nun aber in den folgenden Strophen noch viel deutlicher, interpretiert er geschickt sein eigenes Werk, und ob wir nicht Lust hätten, nun auch einmal die nächsten Strophen zu singen. Er hat auch schon ein paar handsignierte Drucke vorbereitet, die er nun verteilen lässt. Diesen Wunsch können wir dem Dichter wohl kaum abschlagen. Lassen wir ihn seine Gleichnisse hören und singen die nächsten Strophen.

Der Leib eilt nun zur Ruhe,
legt ab das Kleid und Schuhe,
das Bild der Sterblichkeit;
die zieh ich aus, dagegen
wird Christus mir anlegen
den Rock der Ehr und Herrlichkeit.

Das Haupt, die Füß und Hände
sind froh, dass nun zum Ende
die Arbeit kommen sei.
Herz, freu dich, du sollst werden
vom Elend dieser Erden
und von der Sünden Arbeit frei.

Nun geht, ihr matten Glieder,
geht hin und legt euch nieder,
der Betten ihr begehrt.
Es kommen Stund und Zeiten,
da man euch wird bereiten

zur Ruh ein Bettlein in der Erd.

Mein Augen stehn verdrossen,
im Nu sind sie geschlossen.
Wo bleibt dann Leib und Seel?
Nimm sie zu deinen Gnaden,
sei gut für allen Schaden,
du Aug und Wächter Israel.

Das hat er wirklich gut gemacht in diesen unbekannteren Strophen. Er hat einfach alltägliche abendliche Vorgänge genommen und authentisch beschrieben, und doch ist jeder einzelne zugleich durchsichtig auf ein tieferes Geschehen hin. Legt der müde Mensch vor dem Zubettgehen Kleider und Schuhe ab, so gibt er zwar ein Bild seiner Vergänglichkeit und Sterblichkeit, - „nackt bin ich von meiner Mutter Leib gekommen, nackt werde ich wieder dahin fahren" - aber Christus wird mir die Kleider des Heils anlegen. Die müden Glieder, die sich von ihrer Arbeit nun ausruhen dürfen, spüren für das Herz und für die Seele deren Befreiung von Elend und Sünde gleich mit. Als ob eine schwere Last von ihnen abfiele. Und immer kühner werdend vergleicht die sechste Strophe das Bett nun gar mit dem Grab. Da erschrecke ich, und mit Macht holt mich die Gegenwart ein. In der vergangenen Woche haben wir nämlich einen 25jährigen Mann begraben müssen, der sich das Leben genommen hat. Lebensmüde, sterbensmüde hat er sich hingelegt, um nie mehr aufzuwachen. „Sein Augen stehn verdrossen, im Nu sind sie geschlossen. Wo bleibt dann Leib und Seel? Nimm sie zu deinen Gnaden, sei gut für allen Schaden, du Aug und Wächter Israel." Wo hatte er denn da seine Augen, der Wächter Israels?

Aus meinen Gedanken reißt mich die Stimme eines jungen Mannes. Er wolle nun auch einmal etwas Kritisches anmerken, die lobenden Worte seiner Vorredner in Ehren, auch er selbst singe jeden Abend seiner kleinen Tochter Strophen aus diesem Abendlied vor, aber es gebe doch einige, darunter sämtliche der gerade gesungenen, die er nicht kommentarlos über die Lippen brächte, und was diese Todesbeschwörungsformeln denn sollten, wo man ohnehin ständig und überall vom Tod umgeben sei. Bannen müsse man ihn, der an jeder Ecke lauere, nicht auch noch herbei singen, womöglich noch um seine Kinder das Fürchten zu lehren.

Gefasst hört sich Paul Gerhardt die Vorwürfe an; er hört sie wohl nicht zum ersten Mal. „Das ist verwerflich", antwortet er, und an dieser Einleitung merkt man ihm dann doch den Mensch des 17. Jahrhunderts an, der das Disputieren gewohnt ist und der den Dissens nicht scheut.

„Und glauben Sie mir", fährt er fort, „auch ich kenne den Tod. 30 Jahre Krieg und Pest, ich habe Sachen gesehen, die Sie nicht einmal aus Filmen kennen. Man nimmt dem Tod seinen Schrecken nicht, indem man ihn verdrängt und möglichst nichts von ihm wissen will, sondern indem man sich im täglichen Umgang mit ihm übt. Sterbekunst nennen wir das, ich weiß wohl, das Wort und die Kunst sind verloren gegangen, dabei täte es Ihnen gut, nicht so zu tun, als sei das Leben ewig und der Tod am Ende ein schrecklicher Unfall, mit dem keiner gerechnet hat. Mein Lied will niemand Angst vor dem Einschlafen machen, weil er vielleicht morgen früh nicht mehr aufwacht. Es ist doch genau umgekehrt: Christus hat dem Tod die Macht genommen. Und deshalb ist der Tod selbst ein Schlaf geworden. Ihr könnt ruhigen Gewissens einschlafen. Das Grab ist auch nur ein Bett, aus dem ihr aufstehen werdet, wenn Christus euch weckt."

Der junge Mann will sich noch nicht geschlagen geben, er findet Gefallen an dem streitbaren Poeten, doch der winkt nun ab: „Es ist spät geworden", sagt unser Gastgeber. Er schlägt vor, dass man mit einem gemeinsamen Abendgebet das Zusammensein beschließe und dann auch beherzige, wovon man die ganze Zeit geredet habe und endlich schlafen gehe. Die beiden Schlussstrophen seines Abendliedes habe er als Gebet gestaltet. Die böten sich nun geradezu an.

„Aber", fällt ihm die mitgereiste Kulturbeauftragte ins Wort, die den ganzen Abend fleißig mitgeschrieben hat, dazu müsse sie nun doch noch einen Schwank aus ihrer Jugend loswerden. Denn auch sie hat schon als kleines Mädchen vor dem Zubettgehen immer so gebetet: „Breit aus, die Flügel beide, o Jesu, meine Freude, und nimm dein Küchlein ein", und sie habe sich jeden Abend von neuem gewundert, warum der Herr Jesus abends noch Süßigkeiten essen durfte, wo ihr das streng verboten war. Erst viel später hat sie begriffen, dass mit dem Küchlein ein kleines Kücken gemeint war, das sich unter das sichere Gefieder seiner Mutter verkriecht, und gelernt, dass dies ein aus der Bibel gewonnenes Bild für Gottes Schutz und Beistand sei. Ja, nickt der Dichter, der geflügelte Jesus, das sei bis heute eines seiner liebsten Bilder geblieben, und wie zum Segen breitet er nun die Arme aus. Da redet niemand mehr dazwischen. Wir können uns sammeln und singen:

Breit aus, die Flügel beide,
o Jesu, meine Freude,
und nimm dein Küchlein ein.
Will Satan mich verschlingen,

so lass die Englein singen:
„Dies Kind soll unverletzet sein."

Auch euch, ihr meine Lieben,
soll heute nicht betrüben
kein Unfall noch Gefahr.
Gott lass euch selig schlafen,
stell euch die güldnen Waffen
ums Bett und seiner Engel Schar.

Als ich zurück kam von jener Reise, habe ich mir etwas vorgenommen. Für den Rest dieses Paul-Gerhardt-Jahres will ich nun jeden Tag mit diesem Lied beschließen. Es geht ganz gut. Mal singe und summe ich es ganz vor mich hin, mal lese ich nur eine einzelne Strophe, an anderen Abenden mir nur ein paar Wörter vor. Und es hilft. Es macht mich ruhig und lässt mich gelassen werden. Es hilft mir, mit Kleidern und Schuhen auch abzulegen, was mich beschwert. Wenn der Mond scheint, zwinkere ich ihm zu wie einem alten Verbündeten und flüstere: „Fahr hin, ein andre Sonne, mein Jesus, meine Wonne, gar hell in meinem Herzen scheint." Und wer weiß, vielleicht kann ich es ja eines Tages mit dem Tod leichter aufnehmen, wenn er dann kommt. Es ist ein Wagnis, aber einen Versuch allemal wert. Gestern war mir's, als ich die Augen schloss, da rauschte und blitzte es in den Augenwinkeln. Und ich wusste: Jetzt stellt er die güldnen Waffen ums Bett und seiner Engel Schar. Versuchen Sie es doch auch einmal. Ich habe Ihnen von unserer Reise die übrigen Flugblätter mitgebracht. Nehmen Sie sich eins mit und schlafen Sie selig heute Nacht.

Psalmen sind wie Kleider

Im Radio läuft es immer mal wieder, das Lied von Tim Bendzko „Wenn Worte meine Sprache wären" – ein Liebeslied eines Menschen, der nicht die richtigen Worte findet. Der irgendwie sprachlos ist. Und der bekennt: „Mir fehlen die Worte, ich hab die Worte nicht, dir zu sagen, was ich fühl. ..."

Ich mag dieses Lied, denn wie oft fehlen mir die Worte. Bin ich sprachlos, stimmlos. Wie oft fehlen uns die Worte, um unsere Ängste, Sehnsüchte, Verletztheiten mitzuteilen. Unsere Sprachlosigkeit ist vielleicht ein Spiegel unserer Seele – die nicht begreifen will und kann, was uns getroffen hat, an Not, an Schicksal, an Tot, an Leid.

„Mir fehlen die Worte, ich hab die Worte nicht ..." Wie oft geschieht mir dies an Gräbern, wenn ich um Worte angesichts des Leids ringe, die Stimmungen aufnehmen sollen, die Menschen Trost und Hoffnung zusprechen sollen. Wie oft geht es uns, geht es euch Konfis, euch Erwachsenen so, dass wir um Worte ringen, die aufbauen und helfen wollen. Mit dem Trost ist es ja immer so eine Sache: Er kann schnell zur Beschwichtigung werden.

In den Psalmen begegnen mir, lese und höre ich solche Worte, die menschliche Stimmungen aufnehmen. Wenn ich einen Psalm lese, kann ich die Emotionen nachdenken, nachkauen: Sehnsüchte, Ängste, Verzweiflung, Wünsche und Träume, aber auch Vertrauen, Hoffnung, Gewissheiten und Lob Gottes.

„Psalmen sind wie Kleider, in die ich hineinschlüpfen kann.", hat der Hamburger Theologe Fulbert Steffensky einmal gesagt. Psalmen leihen uns Worte, wenn uns die Worte fehlen. Wir können sie einfach lesen und hören, doch beim Lesen und Hören werden wir zu Betenden. Denn wir finden uns selbst mit unseren Lebensgeschichten in ihnen wieder.

Die Psalmen lassen nichts aus, keine Tiefe und keinen Abgrund des Lebens. Sie kennen den Lebensdurst, die Lebensangst, sie kennen die Tiefen des Todes, sie bergen sie in Worte und Juden und Christen beten diese Jahrtausende alten Worte aus einer fernen Zeit nach als Gebet der Gegenwart. Die Psalmen sind für mich etwas wie Nahrung für die Seele und ich finde mich gut in dem Diktum Dorothee Sölles wieder: „Die Psalmen sind für mich eines der wichtigsten Lebensmittel. Ich esse sie, ich trinke sie, ich kaue auf ihnen herum …".

Warum: Weil so viele diese Psalmen vor uns gesungen und gebet haben, sie sind gewaschen von den Hoffnungen und den Tränen der Toten. Daran denkend, begreife ich:

„Keiner muss nur er selber sein und an der eigenen Glaubenskärglichkeit verhungern." (Fulbert Steffensky)

Darum ist es auch schön, wenn in dieser Kirche die Jungen und die Alten gemeinsam im Gottesdienst die Stimme erheben, wenn sie gemeinsam beten, gemeinsam singen, gemeinsam alte und neue Texte hören und sprechen. Wir leben und nähren uns doch immer auch an den Hoffnungen der anderen.

Und die Grundhoffung, das Grundvertrauen, die Grundgewissheit, der Glaube ist:

Der Herr ist nahe allen, die ihn anrufen,
allen, die ihn mit Ernst anrufen.
Er tut, was die Gottesfürchtigen begehren,
und hört ihr Schreien und hilft ihnen.

So heißt es am Ende des 145. Psalms. Der im Psalter als das letzte Lied Davids, quasi als Davids „Psalmentestament" (F. L. Hossfeld) stilisiert ist, obwohl eigentlich nichts in diesem Psalm auf den König David hinweist.

Aber der Psalter ist immer wieder durchsetzt mit kleinen David-Psalmen, die im Kleinen wie im Großen den Weg des Psalters von der Klage des Einzelnen hin zum großen Gotteslob des Volkes, ja der Völker aufzeigt.

Der ganze Psalm ist ein einziges großes Gotteslob und doch nimmt er uns durch seine Überschrift und seinen Verweis auf David auch in die Tiefen des Lebens hinein: den Zweifel, wie er im 27. Psalm zum Ausdruck kommt:

*„Gib mich nicht preis dem Willen meiner Feinde!
Denn es stehen falsche Zeugen wider mich auf und tun mir Unrecht ohne Scheu."*

Oder im 22. Psalm – Passionspsalm Jesu:

„Ich bin ein Wurm und kein Mensch, ein Spott der Leute und verachtet vom Volke!"

Oder im 13. Psalm:

„Herr, wie lange willst du mich so ganz vergessen!"

Diese Tiefen des Lebens sind nicht vergessen und nicht verdrängt, wenn am Ende des Psalters das große Gotteslob steht. Und es wird am David-Psalter gerade besonders deutlich.

David preist die Bewahrung und die Güte des Herrn. Die unerforschliche Größe und Güte des Herrn durch alle Lebenstiefen hindurch. Die Werke der Bewahrung. Wenn alles aussichtslos und hoffnungslos erscheint, dann „richtet der Herr auf, die niedergeschlagen sind. Dann gibt der Herr die Speise zur rechten Zeit. Dann sättigt der Herr alles, was lebt, nach seinem Wohlgefallen, nach seiner Gerechtigkeit, nach seiner Güte. Denn: „Der Herr ist allen gütig!"

„Der Herr ist allen gütig!"

Es ist dieser Satz, auf dem es herum zu kauen gilt. Wie sehr sind wir doch heute davon überzeugt, dass alles an unserem Tun liegt, dass wir uns aus allem selbst befreien können, dass wir nur die richtigen Schritte tun müssen.

Nein: Der Herr ist allen gütig!

Wir leben nicht aus uns selbst, wie wir nicht allein mit unseren Worten beten. Wir leben aus der Güte des Herrn – aus seiner Gerechtigkeit, seiner Barmherzigkeit, seiner Gnade.

Und diese Gnade, diese Gerechtigkeit, diese Güte, diese Kraft Gottes ist in den Schwachen mächtig.

Es ist ist nicht unser Denken, unser Handeln, unser Wirken allein, an dem die Welt genesen wird:

Der Herr ist gnädig in allen seinen Werken. Der Herr hält alle, die da fallen und richtet auf, die niedergeschlagen sind.

Das sind nicht nur trotzige Hoffnungssätze eines frommen Beters.

Diese Sätze wenden auch unseren Blick auf die Schwachen und auf unser oft verzweifeltes Streben nach Perfektion. Diese Sätze schenken Gelassenheit und Geduld, weil der Herr geduldig ist und von großer Güte.

Wir leben aus der Güte des Herrn, auch mit unseren Unvollkommenheiten, auch mit dem, was nicht gelingt. Wir leben aus der Güte des Herrn, und sie ist nicht abzulesen an unseren Erfolgen, an unseren Werken. Sie ist nicht abzulesen an der Zahl unserer Freunde, an den Noten und Bilanzen unserer Arbeiten, an der Fülle dieses Hauses, an der Perfektion unserer Musik, unserer Unterrichtsstunden, unserer Bauwerke. Wir leben aus der Güte des Herrn in all den Gebrochenheiten unseres Lebens.

Beim Beten, beim Durchkauen und Rezitieren eines Psalms wenden, flüchten und bergen wir uns unter Gottes Blick der Güte.

Unter diesem Blick der Güte sind wir nicht die Gefallenen, Gottes Blick der Güte pathologisiert nicht unsere Schwächen als Krankheiten, Gottes Blick der Güte birgt unser Leben als ein kostbares Geschenk der Gegenwart.

Darum sind auch z. B. Bibelwochen so kostbare Momente und Zeiten, weil sich in ihnen eine kleine Gruppe von Menschen stellvertretend Zeit nimmt, die Güte Gottes für alle zu vergegenwärtigen.

Darum sind auch unsere Gottesdienste – selbst wenn wir nur wenige sind – kostbare Zeiten, weil in ihnen die Wenigen stellvertretend für alle die Güte Gottes loben.

Der Psalmist David wartet nicht, bis alle mit einstimmen, Israel wartet nicht, bis alle Heiden mit einstimmen, die Kirche wartet nicht, bis alle Gottvergessenen ins große Lob Gottes mit einstimmen. Nein, David wird uns und seinem Volk, wird den Völkern zum Vorbeter des Gotteslobes.

Gotteslob dem Leben zum Trotz.

Kindeskinder werden deine Werke preisen
und deine gewaltigen Taten verkündigen.
Sie sollen reden von deiner hohen, herrlichen Pracht
und deinen Wundern nachsinnen;
sie sollen reden von deinen mächtigen Taten
und erzählen von deiner Herrlichkeit;
sie sollen preisen deine große Güte
und deine Gerechtigkeit rühmen.

(Psalm 145,4-7)

Und seit David, seit den Tagen des Alten Israels gibt es eine ungebrochene Kette des Weitererzählens von Generation zu Generation. Denn das ist Tradition und das ist Kirche: „Einstimmen in den großen Gesang, der das Leben preist und alles beklagt, was ihm angetan wird."

Am Ende aber steht das große Gotteslob:

„*Mein Mund soll des Herrn Lob verkündigen*" – das will ich tun, mit den Gedanken von Konfirmanden:

Der Herr ist groß und sehr zu loben
und seine Größe ist unerforschlich:

Denn du bist herrlich,
weil du uns erschaffen hast.
Gott hat meine Eltern geschaffen,
aus denen ich bin.
Dafür bin ich dankbar.
Du bist herrlich,
weil du mit Nahrung versorgst.
Ich danke meinem Gott,
dass ich eine gesunde und glückliche Familie habe
und alle, die ich kenne, satt sind.
Ich lobe dich, Gott,
denn du hast mir meine Eltern gegeben
und die Natur,

und du trägst die Freude in die Welt.
Ich lobe meinen Gott,
dass ich nie allein bin,
denn du, Gott, bist immer da.
Ich danke dir, Gott, für mein Dach über dem Kopf,
bei dir habe ich Zuflucht,
und Menschen, die mir Wärme geben.
Du, Herr, bist gnädig und geduldig mit mir.

Psalmen sind wie Kleider, in die wir hineinschlüpfen. Und sie sind so stark, als Sprache aus der Fremde und aus der Ferne. Aber sie sind auch wie Formulare, in die wir unsere eigenen Namen und unsere eigene Adresse eintragen dürfen.

Der Psalm ist wie ein Formular, in das man seinen Schmerz, seine Ängste, sein Glück einträgt; seine Sorge um die Welt, um die Kinder und um alles, was man liebt. Und so wird der Psalm mit seiner fremden Sprache, wie in euren Worten, liebe Konfis, zum eigenen Dialekt. Und zum Lobgesang: *„Denn mein Mund soll des Herrn Lob verkündigen und alles Fleisch lobe seinen heiligen Namen immer und ewiglich."*